Il Principe

The Prince

Open Source Classics

Utopia (Latin-English, 2013)
Il Principe (Italian-English, 2013)
Moriae Encomium (Latin-English, forthcoming)

Il Principe

The Prince

written by Niccolò Machiavelli
translated by William K. Marriott

Pluteo Pleno • Crystal Lake, Illinois

Il Principe: The Prince
Niccolò Machiavelli
translated by William K. Marriott
edited by Peter Sipes

Pluteo Pleno
61 W Woodstock Street
Crystal Lake, Illinois 60014

www.opensourceclassics.com
www.pluteopleno.com

Edition 1.0, August 2013

ISBN 978-1-937847-03-6

Contents

Introduction   vii
Resources   viii
About the texts   viii

Il Principe

Dedication   2 (English) / 3 (Italian)

Chapter I   4/5
  Quante siano le specie de' Principati, e con quali modi si acquistino •
  How many kinds of Principalities there are, and by what means they are acquired

Chapter II   6/7
  De' Principati ereditari • Concerning hereditary Principalities

Chapter III   8/9
  De' principati misti • Concerning mixed principalities

Chapter IV   18/19
  Perchè il Regno di Dario da Alessandro occupato non si ribellò dalli successori di Alessandro dopo la sua morte
  Why the Kingom of Darius, conquered by Alexander, did not rebel against the successors of Alexander at his death

Chapter V   22/23
  In che modo siano da governare le città o Principati, quali, prima che occupati fussino, vivevano con le loro leggi •
  Concerning the way to govern cities or Principalities which lived under their own laws before they were annexed

Chapter VI   24/25
  De' Principati nuovi, che con le proprie armi e virtù si acquistano •
  Concerning new Principalities which are acquired by one's own arms and ability

Chapter VII   30/31
  De' Principati nuovi, che con forze d'altri e per fortuna si acquistano •
  Concerning new Principalities which are acquired either by the arms of others or by good fortune

Chapter VIII   40/41
  Di quelli che per scelleratezze sono pervenuti al Principato •
  Concerning those who have obtained a Principality by wickedness

Chapter IX   46/47
  Del Principato civile • Concerning a civil Principality

Chapter X   52/53
  In che modo le forze di tutti i Principati si debbino misurare •
  Concerning the way in which the strength of all Principalities ought to be measured

Chapter XI   56/57
  De' Principati Ecclesiastici • Concerning Ecclesiastical Principalities

Chapter XII   60/61
  Quante siano le spezie della milizia, e de' soldati mercenari •
  How many kinds of soldiery there are, and concerning mercenaries

Chapter XIII   68/69

De' soldati ausiliari, misti, e propri • Concerning auxilaries, mixed soldiery and one's own

Chapter XIV   74/75

Quello che al Principe si appartenga circa la milizia • That which concerns a Prince on the subject of the art of war

Chapter XV   78/79

Delle cose, mediante le quali gli uomini, e massimamente i Principi, sono lodati o vituperati •
Concerning things for which men, and especially Princes, are praised or blamed

Chapter XVI   80/81

Della liberalità e miseria • Concerning liberality and meanness

Chapter XVII   84/85

Della crudeltà e clemenzia; e se egli è meglio essere amato, che temuto •
Concerning curelty and clemency, and whether it is better to be loved than feared

Chapter XVIII   88/89

In che modo i Principi debbino osservare la fede • Concerning the way in which princes should keep faith

Chapter XIX   94/95

Che si debbe fuggire l'essere disprezzato e odiato • That one should avoid being despised and hated

Chapter XX   106/107

Se le fortezze, e molte altre cose che spesse volte i Principi fanno, sono utili o dannose •
Are fortresses, and many other things to which princes often resort, advantageous or hurtful?

Chapter XXI   112/113

Come si debba governare un Principe per acquistarsi riputazione •
How a Prince should conduct himself so as to gain renown

Chapter XXII   118/119

Delli segretari de' Principi • Concerning the secretaries of Princes

Chapter XXIII   120/121

Come si debbino fuggire gli adulatori • How flatterers should be avoided

Chapter XXIV   124/125

Perché i Principi d'Italia abbino perduto i loro Stati • Why the Princes of Italy have lost their States

Chapter XXV   126/127

Quanto possa nelle umane cose la fortuna, e in che modo se gli possa ostare •
What fortune can effect in human affairs and how to withstand her

Chapter XXVI   130/131

Esortazione a liberare la Italia da' barbari • An exhortation to liberate Italy from the barbarians

Credit where it is due   136

Introduction

The purpose of this book is to put an affordable edition of Niccolò Machiavelli's *The Prince* into your hands, but with a difference. What distinguishes this book from other editions is that the original Italian text is placed alongside the English translation.

Beyond that, every part of this book was assembled from publicly available texts and open source software. The world's cultural legacy is deep and deserves to be brought to those who are interested in it. And the original language of the book is part of that legacy. Expensive editions, copyright and linguistic inexperience have largely kept the original language of many books from curious readers. No more.

Before now, projects like this book never made it to publication because of its limited audience. Technology, specifically on-demand printing and online sales channels, has mostly solved the problem of a limited audience. Since I do not have to keep hundreds of copies of a book on hand to sell you one, I can easily make specialized editions available for sale.

The other advantage to on-demand is the ability to correct mistakes. In any book mistakes creep in. As mistakes are found and collected, they can be corrected in future editions quickly and easily.

Because translation is not an exact science and languages have different structures, there are discrepancies between the Italian and English side of each page. The page breaks have also been made so that the English and Italian on each page correspond to each other. As a result, the spacing between the lines varies. To help you keep track of paragraphs, I have added a ⸿ mark wherever one language starts a new paragraph where the other does not. Where the paragraphs line up between the two languages, there is no mark. I have added these two items as signposts to help you see the relation between the original language and the translation.

Finally, *The Prince* is a classic with a long history, so I will not try to place it into its historical context as so many others have already done so better than I could hope. For anyone who wants that information, there are many other editions and websites. The next page has a selection of resources to get you started.

Happy exploring,
Peter Sipes

Resources

Print

Connell, William J. (ed.), 2005, *The Prince by Niccolò Machiavelli, with Related Documents*, Boston: Bedford/St. Martin's..

Viroli, M. 2002. Niccolo's smile: a biography of Machiavelli. New York: Hill and Wang.

Online

Early Modern Texts *The Prince* – http://bit.ly/156tosB – Another more modern translation of The Prince. The glossary on p. 4 is a wonderful resource for understanding some of the Italian terms. Annotations throughout may provide illimination beyond those in this volume.

The Prince's relevance today – http://bit.ly/13n6ltf – An interview with James Johnson about the continuing relevance of *The Prince*.

Vocabulary analysis of *The Prince* – http://bit.ly/14MiXHh – Concordance, frequency lists and statistics.

About the texts

The Italian text of *Il Principe* is taken from the proofread version at Wikisource, which appears to have a CC-BY-SA license (though the text should be public domain at this point). The original paper edition of that text is edition of 1814 marked Italia. I've made no additions to the text save for an Italian translation of the *Aeneid* that Machiavelli quotes and a note in Italian explaining an addition to the English translation. Per license, the text is available at http://bit.ly/16KNExI.

The English translation of *The Prince* is the Marriott translation, which is in the public domain. It was transcribed along with Marriott's notes by John Bickers, David Widger and others. I have left in all but a few notes. Specifically notes making references to introductory remarks made by Marriott in his translation. All of Marriott's introductory material was removed. To match the Italian, the text is available at http://bit.ly/1cKu7iA.

Il Principe

The Prince

Dedication

To the Magnificent Lorenzo Di Piero De' Medici:

Those who strive to obtain the good graces of a prince are accustomed to come before him with such things as they hold most precious, or in which they see him take most delight; whence one often sees horses, arms, cloth of gold, precious stones, and similar ornaments presented to princes, worthy of their greatness.

Desiring therefore to present myself to your Magnificence with some testimony of my devotion towards you, I have not found among my possessions anything which I hold more dear than, or value so much as, the knowledge of the actions of great men, acquired by long experience in contemporary affairs, and a continual study of antiquity; which, having reflected upon it with great and prolonged diligence, I now send, digested into a little volume, to your Magnificence.

And although I may consider this work unworthy of your countenance, nevertheless I trust much to your benignity that it may be acceptable, seeing that it is not possible for me to make a better gift than to offer you the opportunity of understanding in the shortest time all that I have learnt in so many years, and with so many troubles and dangers; which work I have not embellished with swelling or magnificent words, nor stuffed with rounded periods, nor with any extrinsic allurements or adornments whatever, with which so many are accustomed to embellish their works; for I have wished either that no honour should be given it, or else that the truth of the matter and the weightiness of the theme shall make it acceptable.

Nor do I hold with those who regard it as a presumption if a man of low and humble condition dare to discuss and settle the concerns of princes; because, just as those who draw landscapes place themselves below in the plain to contemplate the nature of the mountains and of lofty places, and in order to contemplate the plains place themselves upon high mountains, even so to understand the nature of the people it needs to be a prince, and to understand that if princes it needs to be of the people.

Take then, your Magnificence, this little gift in the spirit in which I send it; wherein, if it be diligently read and considered by you, you will learn my extreme desire that you should attain that greatness which fortune and your other attributes promise. And if your Magnificence from the summit of your greatness will sometimes turn your eyes to these lower regions, you will see how unmeritedly I suffer a great and continued malignity of fortune.

Dedica

Nicc. Machiavelli al Magnifico Lorenzo di Piero de' Medici.

Sogliono il più delle volte coloro che desiderano acquistare grazia appresso un Principe, farsegli innanzi con quelle cose, che tra le loro abbino più care, o delle quali vegghino lui più dilettarsi; donde si vede molte volte esser loro presentati cavalli, arme, drappi d'oro, pietre preziose e simili ornamenti, degni della grandezza di quelli. ⦅Desiderando io adunque offerirmi alla Vostra Magnificenza con qualche testimone della servitù mia verso di quella, non ho trovato, tra la mia suppellettile, cosa, quale io abbia più cara, o tanto stimi, quanto la cognizione delle azioni degli uomini grandi, imparata da me con una lunga sperienza delle cose moderne, ed una continova lezione delle antiche, la quale avendo io con gran diligenza lungamente escogitata ed esaminata, ed ora in uno piccolo volume ridotta, mando alla Magnificenza Vostra. ⦅E benchè io giudichi questa opera indegna della presenza di quella; nondimeno confido assai, che per sua umanità gli debba essere accetta, considerato che da me non li possa essere fatto maggior dono, che darle facultà a poter in brevissimo tempo intendere tutto quello, che io in tanti anni, e con tanti miei disagi e pericoli ho cognosciuto ed inteso: la quale opera io non ho ornata nè ripiena di clausule ampie, o di parole ampollose o magnifiche, o di qualunque altro lenocinio o ornamento estrinseco, con li quali molti sogliono le lor cose discrivere ed ornare; perchè io ho voluto o che veruna cosa la onori, o che solamente la verità della materia, e la gravità del soggetto la faccia grata. ⦅Nè voglio sia riputata presunzione, se uno uomo di basso ed infimo stato ardisce discorrere e regolare i governi de' Principi; perchè così come coloro che disegnano i paesi, si pongono bassi nel piano a considerare la natura de' monti e de' luoghi alti, e per considerare quella de' bassi si pongono alti sopra i monti; similmente, a cognoscer bene la natura de' popoli bisogna esser Principe, ed a cognoscer bene quella de' Principi conviene essere popolare. ⦅Pigli adunque Vostra Magnificenza questo piccolo dono con quello animo che io lo mando; il quale se da quella fia diligentemente considerato e letto, vi cognoscerà dentro uno estremo mio desiderio, che ella pervenga a quella grandezza che la fortuna, e le altre sue qualità le promettono. E se Vostra Magnificenza dallo apice della sua altezza qualche volta volgerà gli occhi in questi luoghi bassi, cognoscerà, quanto indegnamente io sopporti una grande e continova malignità di fortuna.

Chapter 1

How many kinds of Principalities there are,
and by what means they are acquired

All states, all powers, that have held and hold rule over men have been and are either re-publics or principalities.

Principalities are either hereditary, in which the family has been long established; or they are new.

The new are either entirely new, as was Milan to Francesco Sforza, or they are, as it were, members annexed to the hereditary state of the prince who has acquired them, as was the kingdom of Naples to that of the King of Spain.

Such dominions thus acquired are either accustomed to live under a prince, or to live in freedom; and are acquired either by the arms of the prince himself, or of others, or else by fortune or by ability.

Capitolo I

Quante siano le specie de' Principati,
e con quali modi si acquistino.

Tutti gli Stati, tutti i dominii che hanno avuto, e hanno imperio sopra gli uomini, sono stati e sono o Repubbliche o Principati. ⟨I principati sono o ereditari, de' quali il sangue del loro Signore ne sia stato lungo tempo Principe, o e' sono nuovi. ⟨I nuovi o sono nuovi tutti, come fu Milano aFrancesco Sforza, o sono come membri aggiunti allo stato ereditario del Principe che gli acquista, come è il Regno di Napoli al Re di Spagna. ⟨Sono questi dominii, così acquistati, o consueti a vivere sotto un Principe, o usi ad esser liberi; ed acquistansi o con le armi di altri o con le proprie, o per fortuna o per virtù.

Chapter II

Concerning hereditary Principalities

I will leave out all discussion on republics, inasmuch as in another place I have written of them at length, and will address myself only to principalities. In doing so I will keep to the order indicated above, and discuss how such principalities are to be ruled and preserved.

I say at once there are fewer difficulties in holding hereditary states, and those long accustomed to the family of their prince, than new ones; for it is sufficient only not to transgress the customs of his ancestors, and to deal prudently with circumstances as they arise, for a prince of average powers to maintain himself in his state, unless he be deprived of it by some extraordinary and excessive force; and if he should be so deprived of it, whenever anything sinister happens to the usurper, he will regain it.

We have in Italy, for example, the Duke of Ferrara, who could not have withstood the attacks of the Venetians in '84, nor those of Pope Julius in '10, unless he had been long established in his dominions. For the hereditary prince has less cause and less necessity to offend; hence it happens that he will be more loved; and unless extraordinary vices cause him to be hated, it is reasonable to expect that his subjects will be naturally well disposed towards him; and in the antiquity and duration of his rule the memories and motives that make for change are lost, for one change always leaves the toothing for another.

Capitolo II

De' Principati ereditari

Io lascerò indietro il ragionare delle Repubbliche, perchè altra volta ne ragionai a lungo. Volterommi solo al Principato, e anderò, nel ritessere queste orditure di sopra, disputando come questi Principati si possono governare e mantenere. ℂDico adunque, che nelli Stati ereditari, ed assuefatti al sangue del loro Principe, sono assai minori difficultà a mantenergli, che ne' nuovi; perchè basta solo non trapassare l'ordine de' suoi antenati, e dipoi temporeggiare con gli accidenti, in modo che se tal Principe è di ordinaria industria, sempre si manterrà nel suo Stato, se non è una straordinaria ed eccessiva forza che ne lo priva; e privato che ne sia, quantunque di sinistro abbia lo occupatore, lo racquista. ℂNoi abbiamo in Italia, per esempio, il Duca di Ferrara, il quale non ha retto agli assalti de' Viniziani nell'84, nè a quelli di Papa Iulio nel 10 per altre cagioni che per essere antiquato in quel Dominio. Perchè il Principe naturale ha minori cagioni e minori necessità di offendere; donde conviene che sia più amato; e se strasordinarii vizi non lo fanno odiare, è ragionevole che naturalmente sia ben voluto da' suoi; e nell'antichità e continuazione del dominio sono spente le memorie e le cagioni delle innovazioni; perchè sempre una mutazione lascia lo addentellato per la edificazione dell'altra.

Chapter III

Concerning mixed principalities

But the difficulties occur in a new principality. And firstly, if it be not entirely new, but is, as it were, a member of a state which, taken collectively, may be called composite, the changes arise chiefly from an inherent difficulty which there is in all new principalities; for men change their rulers willingly, hoping to better themselves, and this hope induces them to take up arms against him who rules: wherein they are deceived, because they afterwards find by experience they have gone from bad to worse. This follows also on another natural and common necessity, which always causes a new prince to burden those who have submitted to him with his soldiery and with infinite other hardships which he must put upon his new acquisition.

In this way you have enemies in all those whom you have injured in seizing that principality, and you are not able to keep those friends who put you there because of your not being able to satisfy them in the way they expected, and you cannot take strong measures against them, feeling bound to them. For, although one may be very strong in armed forces, yet in entering a province one has always need of the goodwill of the natives.

For these reasons Louis the Twelfth, King of France, quickly occupied Milan, and as quickly lost it; and to turn him out the first time it only needed Lodovico's own forces; because those who had opened the gates to him, finding themselves deceived in their hopes of future benefit, would not endure the ill-treatment of the new prince. It is very true that, after acquiring rebellious provinces a second time, they are not so lightly lost afterwards, because the prince, with little reluctance, takes the opportunity of the rebellion to punish the delinquents, to clear out the suspects, and to strengthen himself in the weakest places. Thus to cause France to lose Milan the first time it was enough for the Duke Lodovico[1] to raise insurrections on the borders; but to cause him to lose it a second time it was necessary to bring the whole world against him, and that his armies should be defeated and driven out of Italy; which followed from the causes above mentioned.

Nevertheless Milan was taken from France both the first and the second time. The general reasons for the first have been discussed; it remains to name those for the second, and to see what resources he had, and what any one in his situation would have had for maintaining himself more securely in his acquisition than did the King of France.

---

1   Duke Lodovico was Lodovico Moro, a son of Francesco Sforza, who married Beatrice d'Este. He ruled over Milan from 1494 to 1500, and died in 1510.

Capitolo III

De' principati misti

Ma nel Principato nuovo consistono le difficultà. E prima se non è tutto nuovo, ma come membro, che si può chiamare tutto insieme quasi misto, le variazioni sue nascono in prima da una natural difficultà, quale è in tutti i Principati nuovi; perchè gli uomini mutano volentieri Signore, credendo migliorare; e questa credenza gli fa pigliar l'arme contro a chi regge; di che s'ingannano, perchè veggono poi per esperienza aver peggiorato. Il che dipende da un'altra necessità naturale ed ordinaria, quale fa che sempre bisogni offendere quelli, di chi si diventa nuovo Principe; e con gente d'arme, e con infinite altre ingiurie che si tira dietro il nuovo acquisto. ⁋Dimodochè ti trovi avere inimici tutti quelli che tu hai offesi in occupare quel Principato; e non ti puoi mantenere amici quelli, che vi ti hanno messo, per non gli potere satisfare in quel modo che si erano presupposto, e per non potere tu usare contra di loro medicine forti, essendo loro obbligato; perchè sempre, ancorchè uno sia fortissimo in su gli eserciti, ha bisogno del favore de' provinciali ad entrare in una provincia. ⁋Per queste ragioni Luigi XII Re di Francia occupò subito Milano, e subito lo perdè, e bastarono a toglierlo la prima volta le forze proprie di Lodovico; perchè quelli popoli, che gli avevano aperte le porte, trovandosi ingannati della opinione loro, e di quel futuro bene che si aveano presupposto, non potevano sopportare fastidi del nuovo Principe. È ben vero che acquistandosi poi la seconda volta i paesi ribellati, si perdono con più difficultà; perchè il Signore, presa occasione dalla rebellione, è meno rispettivo ad assicurarsi, con punire i delinquenti, chiarire i sospetti, provvedersi nelle parti più deboli. In modo che se a far perdere Milano a Francia bastò la prima volta un Duca Lodovico, che romoreggiasse in su' confini, a farlo dipoi perdere la seconda, gli bisognò avere contro il mondo tutto, e che gli eserciti suoi fossero spenti, e cacciati d'Italia; il che nacque dalle cagioni sopraddette. ⁋Nondimeno e la prima e la seconda volta gli fu tolto. Le cagioni universali della prima si sono discorse; resta ora a vedere quelle della seconda, e dire che remedii egli aveva, e quali può avere uno che fusse ne' termini suoi, per potersi meglio mantenere nello acquistato, che non fece il Re di Francia.

Now I say that those dominions which, when acquired, are added to an ancient state by him who acquires them, are either of the same country and language, or they are not. When they are, it is easier to hold them, especially when they have not been accustomed to self-government; and to hold them securely it is enough to have destroyed the family of the prince who was ruling them; because the two peoples, preserving in other things the old conditions, and not being unlike in customs, will live quietly together, as one has seen in Brittany, Burgundy, Gascony, and Normandy, which have been bound to France for so long a time: and, although there may be some difference in language, nevertheless the customs are alike, and the people will easily be able to get on amongst themselves. He who has annexed them, if he wishes to hold them, has only to bear in mind two considerations: the one, that the family of their former lord is extinguished; the other, that neither their laws nor their taxes are altered, so that in a very short time they will become entirely one body with the old principality.

But when states are acquired in a country differing in language, customs, or laws, there are difficulties, and good fortune and great energy are needed to hold them, and one of the greatest and most real helps would be that he who has acquired them should go and reside there. ⟨This would make his position more secure and durable, as it has made that of the Turk in Greece, who, notwithstanding all the other measures taken by him for holding that state, if he had not settled there, would not have been able to keep it. Because, if one is on the spot, disorders are seen as they spring up, and one can quickly remedy them; but if one is not at hand, they are heard of only when they are great, and then one can no longer remedy them. Besides this, the country is not pillaged by your officials; the subjects are satisfied by prompt recourse to the prince; thus, wishing to be good, they have more cause to love him, and wishing to be otherwise, to fear him. He who would attack that state from the outside must have the utmost caution; as long as the prince resides there it can only be wrested from him with the greatest difficulty.

The other and better course is to send colonies to one or two places, which may be as keys to that state, for it is necessary either to do this or else to keep there a great number of cavalry and infantry. A prince does not spend much on colonies, for with little or no expense he can send them out and keep them there, and he offends a minority only of the citizens from whom he takes lands and houses to give them to the new inhabitants; and those whom he offends, remaining poor and scattered, are never able to injure him; whilst the rest being uninjured are easily kept quiet, and at the same time are anxious not to err for fear it should happen to them as it has to those who have been despoiled. In conclusion, I say that these colonies are not costly, they are more faithful, they injure less, and the injured, as has been said, being poor and scattered, cannot hurt. Upon this, one has to remark that men ought either to be well treated or crushed, because they can avenge themselves of lighter injuries, of more serious ones they cannot; therefore the injury that is to be done to a man ought to be of such a kind that one does not stand in fear of revenge.

But in maintaining armed men there in place of colonies one spends much more, having to consume on the garrison all the income from the state, so that the acquisition turns into a loss, and many more are exasperated, because the whole state is injured; through the shifting of the garrison up and down all become acquainted with hardship, and all become hostile

❡Dico pertanto, che questi Stati, i quali acquistandosi si aggiungono a uno Stato antico di quello che gli acquista, o sono della medesima provincia e della medesima lingua, o non sono. Quando siano, è facilità grande a tenergli, massimamente quando non siano usi a vivere liberi; e, a possedergli sicuramente, basta avere spenta la linea del Principe, che li dominava; perchè nelle altre cose, mantenendosi loro le condizioni vecchie, e non vi essendo disformità di costumi, gli uomini si vivono quietamente, come si è visto, che ha fatto la Borgogna, la Bertagna, la Guascogna, e la Normandia, che tanto tempo sono state con Francia; e benchè vi sia qualche disformità di lingua, nondimeno i costumi sono simili, e possonsi tra loro facilmente comportare: e a chi le acquista, volendole tenere, bisogna avere due rispetti; l'uno che il sangue del loro Principe antico si spenga; l'altro di non alterare nè loro leggi nè loro dazi; talmentechè in brevissimo tempo diventa con il loro Principato antico tutto un corpo. ❡Ma quando si acquistano Stati in una provincia disforme di lingua, di costumi, e di ordini, qui sono le difficultà, e qui bisogna avere gran fortuna, e grande industria a tenergli; ed uno de' maggiori rimedii e più vivi sarebbe, che la persona di chi gli acquista vi andasse ad abitare.

Questo farebbe più sicura e più durabile quella possessione, come ha fatto il Turco di Grecia, il quale con tutti gli altri ordini osservati da lui per tenere quello Stato, se non vi fusse ito ad abitare, non era possibile, che lo tenesse. Perchè standovi, si veggono nascere i disordini, e presto vi si può rimediare; non vi stando, s'intendono quando sono grandi, e non vi è più rimedio. Non è oltre a questo la provincia spogliata da' tuoi ufiziali; satisfannosi i sudditi del ricorso propinquo al Principe, donde hanno più cagione di amarlo, volendo essere buoni, e volendo essere altrimente, di temerlo. Chi degli esterni volesse assaltare quello Stato, vi ha più rispetto; tantochè abitandovi lo può con grandissima difficultà perdere. ❡L'altro migliore rimedio è mandare colonie in uno o in due luoghi, che siano quasi le chiavi di quello Stato; perchè è necessario o far questo, o tenervi assai gente d'arme e fanterie. Nelle colonie non ispende molto il Principe, e senza sua spesa, o poca, ve le manda e tiene, e solamente offende coloro, a chi toglie i campi e le case per darle a' nuovi abitatori, che sono una minima parte di quello Stato; e quelli che egli offende, rimanendo dispersi e poveri, non gli possono mai nuocere, e tutti gli altri rimangono da una parte non offesi, e per questo si quietano facilmente; dall'altra paurosi di non errare, perchè non intervenisse loro come a quelli che sono stati spogliati. Conchiudo, che queste colonie non costano, sono più fedeli, offendono meno, e gli offesi, essendo poveri e dispersi, non possono nuocere, come ho detto. Perchè si ha a notare, che gli uomini si debbono o vezzeggiare o spegnere, perchè si vendicano delle leggieri offese; delle gravi non possono: sicchè l'offesa che si fa all'uomo, deve essere in modo, che ella non tema la vendetta. ❡Ma tenendovi, in cambio di colonie, gente d'arme, si spende più assai, avendo a consumare nella guardia tutte l'entrate di quello Stato: in modo che l'acquistato gli torna in perdita, ed offende molto più; perchè nuoce a tutto quello Stato, tramutando con gli alloggiamenti il suo esercito; del quale disagio ognuno ne

and they are enemies who, whilst beaten on their own ground, are yet able to do hurt. For every reason, therefore, such guards are as useless as a colony is useful.

Again, the prince who holds a country differing in the above respects ought to make himself the head and defender of his less powerful neighbours, and to weaken the more powerful amongst them, taking care that no foreigner as powerful as himself shall, by any accident, get a footing there; for it will always happen that such a one will be introduced by those who are discontented, either through excess of ambition or through fear, as one has seen already. The Romans were brought into Greece by the Aetolians; and in every other country where they obtained a footing they were brought in by the inhabitants. And the usual course of affairs is that, as soon as a powerful foreigner enters a country, all the subject states are drawn to him, moved by the hatred which they feel against the ruling power. So that in respect to those subject states he has not to take any trouble to gain them over to himself, for the whole of them quickly rally to the state which he has acquired there. He has only to take care that they do not get hold of too much power and too much authority, and then with his own forces, and with their goodwill, he can easily keep down the more powerful of them, so as to remain entirely master in the country. And he who does not properly manage this business will soon lose what he has acquired, and whilst he does hold it he will have endless difficulties and troubles.

The Romans, in the countries which they annexed, observed closely these measures; they sent colonies and maintained friendly relations with the minor powers, without increasing their strength; they kept down the greater, and did not allow any strong foreign powers to gain authority. Greece appears to me sufficient for an example. The Achaeans and Aetolians were kept friendly by them, the kingdom of Macedonia was humbled, Antiochus was driven out; yet the merits of the Achaeans and Aetolians never secured for them permission to increase their power, nor did the persuasions of Philip ever induce the Romans to be his friends without first humbling him, nor did the influence of Antiochus make them agree that he should retain any lordship over the country. Because the Romans did in these instances what all prudent princes ought to do, who have to regard not only present troubles, but also future ones, for which they must prepare with every energy, because, when foreseen, it is easy to remedy them; but if you wait until they approach, the medicine is no longer in time because the malady has become incurable; for it happens in this, as the physicians say it happens in hectic fever, that in the beginning of the malady it is easy to cure but difficult to detect, but in the course of time, not having been either detected or treated in the beginning, it becomes easy to detect but difficult to cure. This it happens in affairs of state, for when the evils that arise have been foreseen (which it is only given to a wise man to see), they can be quickly redressed, but when, through not having been foreseen, they have been permitted to grow in a way that every one can see them, there is no longer a remedy. Therefore, the Romans, foreseeing troubles, dealt with them at once, and, even to avoid a war, would not let them come to a head, for they knew that war is not to be avoided, but is only to be put off to the advantage of others; moreover they wished to fight with Philip and Antiochus in Greece so as not to have to do it in Italy; they could have avoided both, but this they did not wish; nor did that ever please them which is for ever in the mouths of the wise ones of our time:— Let us enjoy the benefits of the time—but rather the benefits of their own valour and

sente, e ciascuno li diventa nimico, e sono inimici, che gli possono nuocere, rimanendo battuti in casa loro. Da ogni parte dunque questa guardia è inutile, come quella delle colonie è utile. ⟨ Debbe ancora chi è in una provincia disforme, come è detto, farsi capo e difensore de' vicini minori potenti, ed ingegnarsi d'indebolire i più potenti di quella, e guardare che, per accidente alcuno, non vi entri uno forestiere non meno potente di lui: e sempre interverrà che vi sarà messo da coloro che saranno in quella malcontenti o per troppa ambizione o per paura; come si vide già che gli Etoli misero li Romani in Grecia; ed in ogni altra provincia che loro entrarono, vi furono messi dai provinciali. E l'ordine della cosa è, che subito che un forestiere potente entra in una provincia, tutti quelli che sono in essa meno potenti, gli aderiscono, mossi da una invidia che hanno contro a chi è stato potente sopra di loro; tantochè rispetto a questi minori potenti, egli non ha a durare fatica alcuna a guadagnarli, perché subito tutti insieme volentieri fanno massa con lo Stato, che egli vi ha acquistato. Ha solamente a pensare, che non piglino troppe forze, e troppa autorità; e facilmente può con le forze sue, e con il favor loro abbassare quelli che sono potenti, per rimanere in tutto arbitro di quella provincia. E chi non governerà bene questa parte, perderà presto quello che arà acquistato; e mentre che lo terrà, vi arà dentro infinite difficultà e fastidi.

I Romani nelle provincie che pigliarono, osservarono bene queste parti, e mandarono le colonie, intrattenerono i men potenti senza crescere loro potenza, abbassarono li potenti, e non vi lasciarono prendere riputazione a' potenti forestieri. E voglio mi basti solo la provincia di Grecia per esempio. Furono intrattenuti da loro gli Achei, e gli Etoli, fu abbassato il Regno de' Macedoni, funne cacciato Antioco; nè mai gli meriti degli Achei o delli Etoli fecero che permettessero loro accrescere alcuno Stato, nè le persuasioni di Filippo gli indussero mai ad essergli amici senza sbassarlo, nè la potenza di Antioco potè fare gli consentissero che tenesse in quella provincia alcuno Stato. Perchè i Romani fecero in questi casi quello che tutti i Principi savi debbono fare, li quali non solamente hanno ad aver riguardo alli scandoli presenti, ma alli futuri, ed a quelli con ogni industria riparare; perchè prevedendosi discosto, facilmente vi si può rimediare, ma aspettando, che ti s'appressino, la medicina non è più a tempo, perchè la malattia è diventata incurabile; ed interviene di questa come dicono i medici dell'etica, che nel principio è facile a curare, e difficile a cognoscere, ma nel corso del tempo, non l'avendo nel principio cognosciuta nè medicata, diventa facile a cognoscere e difficile a curare. Così interviene nelle cose dello Stato, perchè cognoscendo discosto, il che non è dato se non ad un prudente, i mali che nascono in quello, si guariscono presto; ma quando, per non gli aver cognosciuti, si lasciano crescere in modo che ognuno li cognosce, non vi è più rimedio. Però i Romani vedendo discosto gl'inconvenienti, li rimediarono sempre, e non li lasciarono mai seguire per fuggire una guerra, perchè sapevano, che la guerra non si leva, ma si differisce con vantaggio d'altri; però volsero fare con Filippo ed Antioco guerra in Grecia, per non l'avere a fare con loro in Italia; il che non volsero, nè piacque mai loro quello che tutto dì è in bocca de' savi de' nostri tempi, Godere li beneficii del

prudence, for time drives everything before it, and is able to bring with it good as well as evil, and evil as well as good.

But let us turn to France and inquire whether she has done any of the things mentioned. I will speak of Louis[2] (and not of Charles[3]) as the one whose conduct is the better to be observed, he having held possession of Italy for the longest period; and you will see that he has done the opposite to those things which ought to be done to retain a state composed of divers elements.

King Louis was brought into Italy by the ambition of the Venetians, who desired to obtain half the state of Lombardy by his intervention. I will not blame the course taken by the king, because, wishing to get a foothold in Italy, and having no friends there—seeing rather that every door was shut to him owing to the conduct of Charles—he was forced to accept those friendships which he could get, and he would have succeeded very quickly in his design if in other matters he had not made some mistakes. The king, however, having acquired Lombardy, regained at once the authority which Charles had lost: Genoa yielded; the Florentines became his friends; the Marquess of Mantua, the Duke of Ferrara, the Bentivogli, my lady of Forli, the Lords of Faenza, of Pesaro, of Rimini, of Camerino, of Piombino, the Lucchese, the Pisans, the Sienese—everybody made advances to him to become his friend. Then could the Venetians realize the rashness of the course taken by them, which, in order that they might secure two towns in Lombardy, had made the king master of two-thirds of Italy.

Let any one now consider with that little difficulty the king could have maintained his position in Italy had he observed the rules above laid down, and kept all his friends secure and protected; for although they were numerous they were both weak and timid, some afraid of the Church, some of the Venetians, and thus they would always have been forced to stand in with him, and by their means he could easily have made himself secure against those who remained powerful. But he was no sooner in Milan than he did the contrary by assisting Pope Alexander to occupy the Romagna. It never occurred to him that by this action he was weakening himself, depriving himself of friends and of those who had thrown themselves into his lap, whilst he aggrandized the Church by adding much temporal power to the spiritual, thus giving it greater authority. And having committed this prime error, he was obliged to follow it up, so much so that, to put an end to the ambition of Alexander, and to prevent his becoming the master of Tuscany, he was himself forced to come into Italy.

And as if it were not enough to have aggrandized the Church, and deprived himself of friends, he, wishing to have the kingdom of Naples, divides it with the King of Spain, and where he was the prime arbiter in Italy he takes an associate, so that the ambitious of that country and the malcontents of his own should have somewhere to shelter; and whereas he could have left in the kingdom his own pensioner as king, he drove him out, to put one there who was able to drive him, Louis, out in turn.

The wish to acquire is in truth very natural and common, and men always do so when they can, and for this they will be praised not blamed; but when they cannot do so, yet wish to do so by any means, then there is folly and blame. Therefore, if France could have attacked

2   Louis XII, King of France, "The Father of the People," born 1462, died 1515.
3   Charles VIII, King of France, born 1470, died 1498.

tempo; ma bene quello della virtù e prudenza loro; perchè il tempo si caccia innanzi ogni cosa, e può condurre seco bene come male, male come bene.

Ma torniamo a Francia, ed esaminiamo se delle cose dette ne ha fatto alcuna; e parlerò di Luigi e non di Carlo, come di colui, del quale, per aver tenuto più lunga possessione in Italia, si sono meglio visti li suoi andamenti; e vedrete, come egli ha fatto il contrario di quelle cose, che si debbono fare per tenere uno Stato disforme. ℂ Il Re Luigi fu messo in Italia dall'ambizione de' Viniziani, che volsero guadagnarsi mezzo lo Stato di Lombardia per quella venuta. Io non voglio biasimare quella venuta o partito preso dal Re; perchè, volendo cominciare a mettere un piede in Italia, e non avendo in questa provincia amici, anzi essendoli, per li portamenti del Re Carlo, serrate tutte le porte, fu forzato prendere quelle amicizie che poteva; e sarebbeli riuscito il pensiero bene preso, quando negli altri maneggi non avesse fatto errore alcuno. Acquistata adunque il Re la Lombardia, si riguadagnò subito quella riputazione che gli aveva tolta Carlo; Genova cedette, i Fiorentini gli diventarono amici, Marchese di Mantova, Duca di Ferrara, Bentivogli, Madonna di Furlì, Signore di Faenza, di Pesaro, di Rimino, di Camerino, di Piombino, Lucchesi, Pisani, Sanesi, ognuno se li fece incontro per essere suo amico. Ed allora poterono considerare li Viniziani la temerità del partito preso da loro, i quali, per acquistare due terre in Lombardia, fecero Signore il Re di duoi terzi d'Italia. ℂ Consideri ora uno con quanta poca difficultà poteva il Re tenere in Italia la sua riputazione, se egli avessi osservate le regole sopraddette, e tenuti sicuri, e difesi tutti quelli amici suoi, li quali, per essere gran numero, e deboli, e paurosi chi della Chiesa, chi de'Viniziani, erano sempre necessitati a star seco, e per il mezzo loro poteva facilmente assicurarsi di chi ci restava grande. Ma egli non prima fu in Milano, che fece il contrario, dando aiuto a Papa Alessandro, perché egli occupasse la Romagna. Nè si accorse con questa deliberazione che faceva sè debole, togliendosi li amici, e quelli che se li erano gittati in grembo, e la Chiesa grande, aggiugnendo allo spirituale, che gli dà tanta autorità, tanto temporale. E fatto un primo errore, fu costretto a seguitare; intantochè, per porre fine all'ambizione di Alessandro, e perché non divenisse Signore di Toscana, gli fu forza venire in Italia. ℂ E non gli bastò aver fatto grande la Chiesa, e toltisi gli amici, che per volere il regno di Napoli, lo divise con il Re di Spagna; e dove egli era prima arbitro d'Italia, vi messe un compagno, acciochè gli ambiziosi di quella provincia e malcontenti di lui avessero dove ricorrere; e dove poteva lasciare in quel Regno un Re suo pensionario, egli ne lo trasse per mettervi uno che potesse cacciarne lui. ℂ È cosa veramente molto naturale e ordinaria desiderare di acquistare, e sempre, quando gli uomini lo fanno che possino, ne saranno laudati e non biasimati; ma quando non possono e vogliono farlo in ogni modo, qui è il biasimo e l'errore. Se Francia

Naples with her own forces she ought to have done so; if she could not, then she ought not to have divided it. And if the partition which she made with the Venetians in Lombardy was justified by the excuse that by it she got a foothold in Italy, this other partition merited blame, for it had not the excuse of that necessity.

Therefore Louis made these five errors: he destroyed the minor powers, he increased the strength of one of the greater powers in Italy, he brought in a foreign power, he did not settle in the country, he did not send colonies. Which errors, had he lived, were not enough to injure him had he not made a sixth by taking away their dominions from the Venetians; because, had he not aggrandized the Church, nor brought Spain into Italy, it would have been very reasonable and necessary to humble them; but having first taken these steps, he ought never to have consented to their ruin, for they, being powerful, would always have kept off others from designs on Lombardy, to which the Venetians would never have consented except to become masters themselves there; also because the others would not wish to take Lombardy from France in order to give it to the Venetians, and to run counter to both they would not have had the courage.

And if any one should say: "King Louis yielded the Romagna to Alexander and the kingdom to Spain to avoid war," I answer for the reasons given above that a blunder ought never to be perpetrated to avoid war, because it is not to be avoided, but is only deferred to your disadvantage. And if another should allege the pledge which the king had given to the Pope that he would assist him in the enterprise, in exchange for the dissolution of his marriage[4] and for the cap to Rouen,[5] to that I reply what I shall write later on concerning the faith of princes, and how it ought to be kept.

Thus King Louis lost Lombardy by not having followed any of the conditions observed by those who have taken possession of countries and wished to retain them. Nor is there any miracle in this, but much that is reasonable and quite natural. And on these matters I spoke at Nantes with Rouen, when Valentino, as Cesare Borgia, the son of Pope Alexander, was usually called, occupied the Romagna, and on Cardinal Rouen observing to me that the Italians did not understand war, I replied to him that the French did not understand statecraft, meaning that otherwise they would not have allowed the Church to reach such greatness. And in fact is has been seen that the greatness of the Church and of Spain in Italy has been caused by France, and her ruin may be attributed to them. From this a general rule is drawn which never or rarely fails: that he who is the cause of another becoming powerful is ruined; because that predominancy has been brought about either by astuteness or else by force, and both are distrusted by him who has been raised to power.

4   Louis XII divorced his wife, Jeanne, daughter of Louis XI, and married in 1499 Anne of Brittany, widow of Charles VIII, in order to retain the Duchy of Brittany for the crown.
5   The Archbishop of Rouen. He was Georges d'Amboise, created a cardinal by Alexander VI. Born 1460, died 1510.

adunque con le sue forze poteva assaltare Napoli, doveva farlo; se non poteva, non doveva dividerlo. E se la divisione che fece con i Viniziani di Lombardia, meritò scusa per avere con quella messo il piè in Italia, questa meritò biasimo per non essere scusato da quella necessità.

Aveva adunque Luigi fatto questi cinque errori: spenti i minori potenti; accresciuto in Italia potenza a un potente; messo in quella un forestiere potentissimo; non venuto ad abitarvi; non vi messo colonie. Li quali errori, vivendo lui, potevano ancora non lo offendere, se non avesse fatto il sesto, di torre lo Stato a' Viniziani; perchè quando non avesse fatto grande la Chiesa, nè messo in Italia, Spagna, era ben ragionevole e necessario abbassarli; ma, avendo preso quelli primi partiti, non doveva mai consentire alla rovina loro; perchè essendo quelli potenti, arebbono sempre tenuti gli altri discosto dalla impresa di Lombardia, sì perchè i Viniziani non vi arebbero consentito, senza diventarne Signori loro; sì perchè gli altri non arebbero voluto torla a Francia per darla a loro; e andarli ad urtare ambidui non arebbero avuto animo. ❡ E se alcun dicesse, il Re Luigi cedè ad Alessandro la Romagna, ed a Spagna il Regno per fuggire una guerra; rispondo con le ragioni dette di sopra, che non si debba mai lasciar seguire uno disordine per fuggire una guerra; perchè ella non si fugge, ma si differisce a tuo disavvantaggio. E se alcuni altri allegassero la fede, che il Re aveva data al Papa, di far per lui quella impresa per la risoluzione del suo matrimonio, e per il Cappello di Roano, rispondo con quello che per me di sotto si dirà circa la fede dei Principi, e come ella si debba osservare.

Ha perduto dunque il Re Luigi la Lombardia per non avere osservato alcuno di quelli termini osservati da altri, che hanno preso provincie, e volutele tenere. Nè è miracolo alcuno questo, ma molto ragionevole ed ordinario. E di questa materia parlai a Nantes con Roano, quando il Valentino (che così volgarmente era chiamato Cesare Borgia figliuolo di Papa Alessandro) occupava la Romagna; perchè dicendomi il Cardinale Roano, che gl'Italiani non s'intendevano della guerra, io risposi, che i Francesi non s'intendevano dello Stato, perchè, intendendosene, non lascerebbono venire la Chiesa in tanta grandezza. E per esperienza si è visto, che la grandezza in Italia di quella, e di Spagna, è stata causata da Francia, e la rovina sua è proceduta da loro. Di che si cava una regola generale, quale non mai, o raro falla, che chi è cagione che uno diventi potente, rovina; perchè quella potenza è causata da colui o con industria, o con forza, e l'una e l'altra di queste due è sospetta a chi è divenuto potente.

Chapter IV

Why the Kingom of Darius, conquered by Alexander,
did not rebel against the successors of Alexander at his death

Considering the difficulties which men have had to hold to a newly acquired state, some might wonder how, seeing that Alexander the Great became the master of Asia in a few years, and died whilst it was scarcely settled (whence it might appear reasonable that the whole empire would have rebelled), nevertheless his successors maintained themselves, and had to meet no other difficulty than that which arose among themselves from their own ambitions.

I answer that the principalities of which one has record are found to be governed in two different ways; either by a prince, with a body of servants, who assist him to govern the kingdom as ministers by his favour and permission; or by a prince and barons, who hold that dignity by antiquity of blood and not by the grace of the prince. Such barons have states and their own subjects, who recognize them as lords and hold them in natural affection. Those states that are governed by a prince and his servants hold their prince in more consideration, because in all the country there is no one who is recognized as superior to him, and if they yield obedience to another they do it as to a minister and official, and they do not bear him any particular affection.

The examples of these two governments in our time are the Turk and the King of France. The entire monarchy of the Turk is governed by one lord, the others are his servants; and, dividing his kingdom into sanjaks, he sends there different administrators, and shifts and changes them as he chooses. But the King of France is placed in the midst of an ancient body of lords, acknowledged by their own subjects, and beloved by them; they have their own prerogatives, nor can the king take these away except at his peril. Therefore, he who considers both of these states will recognize great difficulties in seizing the state of the Turk, but, once it is conquered, great ease in holding it. ⦅The causes of the difficulties in seizing the kingdom of the Turk are that the usurper cannot be called in by the princes of the kingdom, nor can he hope to be assisted in his designs by the revolt of those whom the lord has around him. This arises from the reasons given above; for his ministers, being all slaves and bondmen, can only be corrupted with great difficulty, and one can expect little advantage from them when they have been corrupted, as they cannot carry the people with them, for the reasons assigned. Hence, he who attacks the Turk must bear in mind that he will find him united, and he will have to rely more on his own strength than on the revolt of others; but, if once the Turk has been conquered, and routed in the field in such a way that he cannot

Capitolo IV

Perchè il Regno di Dario da Alessandro occupato
non si ribellò dalli successori di Alessandro dopo la sua morte

Considerate le difficultà, le quali si hanno in tenere uno Stato acquistato di nuovo, potrebbe alcuno maravigliarsi, donde nacque che Alessandro Magno diventò Signore dell'Asia in pochi anni, e, non l'avendo appena occupata, morì, donde pareva ragionevole che tutto quello Stato si ribellasse; nondimeno li successori suoi se lo mantennero, e non ebbono a tenerselo altra difficultà, che quella che intra loro medesimi per propria ambizione nacque. ₵ Rispondo come i Principati, de' quali si ha memoria, si trovano governati in due modi diversi, o per un Principe, e tutti gli altri servi, i quali come ministri per grazia e concessione sua aiutano governare quel Regno; o per un Principe e per Baroni, i quali non per grazia del Signore, ma per antichità di sangue tengono quel grado. Questi tali Baroni hanno Stati e sudditi propri, li quali gli riconoscono per Signori, e hanno in loro naturale affezione. Quelli Stati che si governano per un Principe e per servi, hanno il loro Principe con più autorità; perchè in tutta la sua provincia non è alcuno che riconosca per superiore se non lui; e se ubbidiscono altri, lo fanno come a ministro e ufficiale, e non gli portano particolare amore. ₵ Gli esempi di queste due diversità di governi sono, ne' nostri tempi, il Turco e il Re di Francia. Tutta la monarchia del Turco è governata da un Signore; gli altri sono suoi servi; e distinguendo il suo Regno in Sangiacchi, vi manda diversi amministratori, e gli muta e varia come pare a lui. Ma il Re di Francia è posto in mezzo di una moltitudine antica di Signori, ricognosciuti da' loro sudditi, ed amati da quelli; hanno le loro preminenzie, nè le può il Re torre loro senza suo pericolo. Chi considera adunque l'uno e l'altro di questi Stati, troverà difficultà nell'acquistare lo Stato del Turco; ma vinto che sia, è facilità grande a tenerlo.

Le cagioni della difficultà in potere occupare il Regno del Turco sono per non potere l'occupatore essere chiamato da' Principi di quel Regno, nè sperare con la ribellione di quelli che egli ha d'intorno, potere facilitare la sua impresa; il che nasce dalle ragioni sopraddette. Perchè essendogli tutti schiavi ed obbligati, si possono con più difficultà corrompere; e quando bene si corrompessino, se ne può sperare poco utile, non potendo quelli trarsi dietro i popoli, per le ragioni assegnate. Onde chi assalta il Turco è necessario pensare di averlo a trovare unito, e li conviene sperare più nelle forze proprie, che ne' disordini di altri; ma vinto che fusse, e rotto alla campagna, in modo che non possa rifare eserciti, non si ha a dubitare

replace his armies, there is nothing to fear but the family of this prince, and, this being ex-terminated, there remains no one to fear, the others having no credit with the people; and as the conqueror did not rely on them before his victory, so he ought not to fear them after it.

The contrary happens in kingdoms governed like that of France, because one can easily enter there by gaining over some baron of the kingdom, for one always finds malcontents and such as desire a change. Such men, for the reasons given, can open the way into the state and render the victory easy; but if you wish to hold it afterwards, you meet with infinite diffi-culties, both from those who have assisted you and from those you have crushed. Nor is it enough for you to have exterminated the family of the prince, because the lords that remain make themselves the heads of fresh movements against you, and as you are unable either to satisfy or exterminate them, that state is lost whenever time brings the opportunity.

Now if you will consider what was the nature of the government of Darius, you will find it similar to the kingdom of the Turk, and therefore it was only necessary for Alexander, first to overthrow him in the field, and then to take the country from him. After which vic-tory, Darius being killed, the state remained secure to Alexander, for the above reasons. And if his successors had been united they would have enjoyed it securely and at their ease, for there were no tumults raised in the kingdom except those they provoked themselves.

But it is impossible to hold with such tranquillity states constituted like that of France. Hence arose those frequent rebellions against the Romans in Spain, France, and Greece, ow-ing to the many principalities there were in these states, of which, as long as the memory of them endured, the Romans always held an insecure possession; but with the power and long continuance of the empire the memory of them passed away, and the Romans then became secure possessors. And when fighting afterwards amongst themselves, each one was able to attach to himself his own parts of the country, according to the authority he had assumed there; and the family of the former lord being exterminated, none other than the Romans were acknowledged.

When these things are remembered no one will marvel at the ease with which Alexan-der held the Empire of Asia, or at the difficulties which others have had to keep an acquisi-tion, such as Pyrrhus and many more; this is not occasioned by the little or abundance of abil-ity in the conqueror, but by the want of uniformity in the subject state.

d'altro, che del sangue del Principe, il quale spento, non resta alcuno di chi si abbia a temere, non avendo li altri credito con gli popoli; e come il vincitore avanti la vittoria non poteva sperare in loro, così non debbe dopo quella temere di loro.

Il contrario interviene ne' Regni governati come è quello di Francia, perchè con facilità puoi entrarvi, guadagnandoti alcuno Barone del Regno; perchè sempre si trova de' malcontenti, e di quelli che desiderano innovare. Costoro, per le ragioni dette, ti possono aprire la via a quello Stato, e facilitarti la vittoria; la quale dipoi a volerti mantenere, si tira dietro infinite difficultà e con quelli che ti hanno aiutato, e con quelli che tu hai oppressi. Nè ti basta spegnere il sangue del Principe; perchè vi rimangono quelli Signori, che si fanno capi delle nuove alterazioni, e non li potendo nè contentare, nè spegnere, perdi quello stato qualunque volta venga la occasione. ℭ Ora se voi considererete di qual natura di governi era quello di Dario, lo troverete simile al Regno del Turco; e però ad Alessandro fu necessario prima urtarlo tutto, e torgli la campagna; dopo la quale vittoria essendo Dario morto, rimase ad Alessandro quello stato sicuro, per le ragioni sopra discorse. E li suoi successori, se fussino stati uniti, se lo potevano godere oziosi; nè in quello Regno nacquero altri tumulti, che quelli che loro proprii suscitarono. ℭ Ma gli Stati ordinati, come quello di Francia, è impossibile possedergli con tanta quiete. Di qui nacquero le spesse ribellioni di Spagna, di Francia, e di Grecia da' Romani, per li spessi Principati che erano in quelli Stati, de' quali mentre che durò la memoria, sempre furono i Romani incerti di quella possessione; ma spenta la memoria di quelli, con la potenza e diuturnità dell'imperio, ne diventarono sicuri possessori. E poterono dipoi anche quelli, combattendo tra loro, ciascuno tirarsi dietro parte di quelle provincie, secondo l'autorità vi aveva preso dentro; e quelle, per essere il sangue del loro antico Signore spento, non ricognoscevano altri, che i Romani. ℭ Considerando adunque queste cose, non si maraviglierà alcuno della facilità che ebbe Alessandro a tenere lo Stato d'Asia, e delle difficultà che hanno avuto gli altri a conservare l'acquistato, come Pirro, e molti altri; il che non è accaduto dalla poca o molta virtù del vincitore, ma dalla disformità del suggetto.

Chapter V

Concerning the way to govern cities or Principalities
which lived under their own laws before they were annexed

Whenever those states which have been acquired as stated have been accustomed to
live under their own laws and in freedom, there are three courses for those who wish to hold
them: the first is to ruin them, the next is to reside there in person, the third is to permit
them to live under their own laws, drawing a tribute, and establishing within it an oligarchy
which will keep it friendly to you. Because such a government, being created by the prince,
knows that it cannot stand without his friendship and interest, and does it utmost to support
him; and therefore he who would keep a city accustomed to freedom will hold it more easily
by the means of its own citizens than in any other way.

There are, for example, the Spartans and the Romans. The Spartans held Athens and
Thebes, establishing there an oligarchy, nevertheless they lost them. The Romans, in order to
hold Capua, Carthage, and Numantia, dismantled them, and did not lose them. They wished
to hold Greece as the Spartans held it, making it free and permitting its laws, and did not
succeed. So to hold it they were compelled to dismantle many cities in the country, for in
truth there is no safe way to retain them otherwise than by ruining them. And he who becomes master of a city accustomed to freedom and does not destroy it, may expect to be destroyed by it, for in rebellion it has always the watchword of liberty and its ancient privileges
as a rallying point, which neither time nor benefits will ever cause it to forget. And whatever
you may do or provide against, they never forget that name or their privileges unless they are
disunited or dispersed, but at every chance they immediately rally to them, as Pisa after the
hundred years she had been held in bondage by the Florentines.

But when cities or countries are accustomed to live under a prince, and his family is exterminated, they, being on the one hand accustomed to obey and on the other hand not having
the old prince, cannot agree in making one from amongst themselves, and they do not know
how to govern themselves. For this reason they are very slow to take up arms, and a prince
can gain them to himself and secure them much more easily. But in republics there is more vi-
tality, greater hatred, and more desire for vengeance, which will never permit them to allow
the memory of their former liberty to rest; so that the safest way is to destroy them or to
reside there.

Capitolo V

In che modo siano da governare le città o Principati,
quali, prima che occupati fussino, vivevano con le loro leggi.

Quando quelli Stati che si acquistano, come è detto, sono consueti a vivere con le loro leggi e in libertà, a volergli tenere ci sono tre modi. Il primo è rovinargli. L'altro andarvi ad abitare personalmente. Il terzo lasciargli vivere con le sue leggi, tirandone una pensione, e creandovi dentro uno Stato di pochi, che te lo conservino amico. Perchè essendo quello Stato creato da quel Principe, sa che non può stare senza l'amicizia e potenza sua, e ha da fare il tutto per mantenerlo; e più facilmente si tiene una città usa a vivere libera con il mezzo de' suoi cittadini, che in alcuno altro modo, volendola preservare.

Sonoci, per esempio, gli Spartani, ed i Romani. Gli Spartani tennero Atene e Tebe, creandovi uno Stato di pochi: nientedimeno le perderono. I Romani per tenere Capua, Cartagine, e Numanzia, le disfecero, e non le perderono. Vollero tenere la Grecia quasi come la tennero gli Spartani, facendola libera, e lasciandole le sue leggi, e non successe loro; in modo che furono costretti disfare molte città di quella provincia per tenerla, perchè in verità non ci è modo sicuro a possederle, altro che la rovina. E chi diviene padrone di una città consueta a vivere libera, e non la disfaccia, aspetti di essere disfatto da quella; perchè sempre ha per refugio nella ribellione il nome della libertà, e gli ordini antichi suoi, li quali nè per lunghezza di tempo, nè per beneficii mai si scordano; e per cosa che si faccia o si provvegga, se non si disuniscono o dissipano gli abitatori, non si dimentica quel nome, nè quelli ordini, ma subito in ogni accidente vi si ricorre, come fe' Pisa dopo tanti anni che ella era stata posta in servitù da' Fiorentini. ℂ Ma quando le città o le provincie sono use a vivere sotto un Principe, e quel sangue sia spento, essendo da una parte use ad ubbidire, dall'altra non avendo il Principe vecchio, farne uno intra loro non si accordano, vivere libere non sanno; dimodochè sono più tarde a pigliare le armi, e con più facilità se li può un Principe guadagnare, e assicurarsi di loro. Ma nelle Republiche è maggior odio, più desiderio di vendetta, nè le lascia nè può lasciare riposare la memoria dell'antica libertà; talchè la più sicura via è spegnerle, o abitarvi.

Chapter VI

Concerning new Principalities which are acquired by one's own arms and ability

Let no one be surprised if, in speaking of entirely new principalities as I shall do, I ad-duce the highest examples both of prince and of state; because men, walking almost always in paths beaten by others, and following by imitation their deeds, are yet unable to keep en-tirely to the ways of others or attain to the power of those they imitate. A wise man ought al-ways to follow the paths beaten by great men, and to imitate those who have been supreme, so that if his ability does not equal theirs, at least it will savour of it. Let him act like the clev-er archers who, designing to hit the mark which yet appears too far distant, and knowing the limits to which the strength of their bow attains, take aim much higher than the mark, not to reach by their strength or arrow to so great a height, but to be able with the aid of so high an aim to hit the mark they wish to reach.

I say, therefore, that in entirely new principalities, where there is a new prince, more or less difficulty is found in keeping them, accordingly as there is more or less ability in him who has acquired the state. Now, as the fact of becoming a prince from a private station pre-supposes either ability or fortune, it is clear that one or other of these things will mitigate in some degree many difficulties. Nevertheless, he who has relied least on fortune is established the strongest. Further, it facilitates matters when the prince, having no other state, is com-pelled to reside there in person.

But to come to those who, by their own ability and not through fortune, have risen to be princes, I say that Moses, Cyrus, Romulus, Theseus, and such like are the most excellent ex-amples. And although one may not discuss Moses, he having been a mere executor of the will of God, yet he ought to be admired, if only for that favour which made him worthy to speak with God. But in considering Cyrus and others who have acquired or founded kingdoms, all will be found admirable; and if their particular deeds and conduct shall be considered, they will not be found inferior to those of Moses, although he had so great a preceptor. And in ex-amining their actions and lives one cannot see that they owed anything to fortune beyond op-portunity, which brought them the material to mould into the form which seemed best to them. Without that opportunity their powers of mind would have been extinguished, and without those powers the opportunity would have come in vain.

It was necessary, therefore, to Moses that he should find the people of Israel in Egypt enslaved and oppressed by the Egyptians, in order that they should be disposed to follow him so as to be delivered out of bondage. It was necessary that Romulus should not remain in Alba, and that he should be abandoned at his birth, in order that he should become King of

Capitolo VI

De' Principati nuovi, che con le proprie armi e virtù si acquistano.

Non si maravigli alcuno se nel parlare che io farò de' Principati al tutto nuovi, e di Principe e di Stato, io addurrò grandissimi esempi; perchè, camminando gli uomini quasi sempre
per le vie battute da altri, e procedendo nelle azioni loro con le imitazioni, nè si potendo le
vie d'altri al tutto tenere, nè alla virtù di quelli che tu imiti, aggiugnere, debbe un uomo
prudente entrare sempre per vie battute da uomini grandi, e quelli che sono stati eccellentissimi, imitare, acciochè se la sua virtù non v'arriva, almeno ne renda qualche odore; e fare
come gli arcieri prudenti, ai quali parendo il luogo, dove disegnano ferire, troppo lontano, e
cognoscendo fino a quanto arriva la virtù del loro arco, pongono la mira assai più alta, che il
luogo destinato, non per aggiugnere con la loro forza o freccia a tanta altezza, ma per potere
con lo aiuto di sì alta mira pervenire al disegno loro. ⟪Dico adunque, che ne' Principati in
tutto nuovi, dove sia un nuovo Principe, si trova più o meno difficultà a mantenergli, secondo
che più o meno virtuoso è colui che gli acquista. E perchè questo evento di diventare di
privato Principe presuppone o virtù o fortuna, pare che l'una o l'altra di queste due cose mit-
ighino in parte molte difficultà. Nondimeno colui che è stato manco in su la fortuna, si è
mantenuto più. Genera ancora facilità l'essere il Principe costretto, per avere altri Stati,
venirvi personalmente ad abitare. Ma per venire a quelli, che per propria virtù e non per fortuna sono diventati Principi, dico, che li più eccellenti sono Moisè, Ciro, Romulo, Teseo, e
simili. E benchè di Moisè non si debba ragionare, essendo stato un mero esecutore delle cose
che gli erano ordinate da Dio; pure merita di essere ammirato solamente per quella grazia che
lo faceva degno di parlar con Dio.

Ma considerando Ciro e gli altri, che hanno acquistato o fondato regni, si troveranno
tutti mirabili; e se si considereranno le azioni e ordini loro particolari, non parranno differ-
enti da quelli di Moisè, benchè egli ebbe sì gran precettore. Ed esaminando le azioni, e vita
loro, non si vedrà che quelli avessino altro dalla fortuna, che l'occasione, la quale dette loro
materia di potervi introdurre quella forma che a lor parse; e senza quella occasione la virtù
dell'animo loro si saria spenta, e senza quella virtù l'occasione sarebbe venuta invano. ⟪Era
adunque necessario a Moisè trovare il popolo d'Isdrael in Egitto schiavo, e oppresso dagli
Egizi, acciochè quelli, per uscire di servitù, si disponessino a seguirlo. Conveniva che Romulo non capesse in Alba, e fusse stato esposto al nascer suo, a volere che diventasse Re di

Rome and founder of the fatherland. It was necessary that Cyrus should find the Persians discontented with the government of the Medes, and the Medes soft and effeminate through their long peace. Theseus could not have shown his ability had he not found the Athenians dispersed. These opportunities, therefore, made those men fortunate, and their high ability enabled them to recognize the opportunity whereby their country was ennobled and made famous.

Those who by valorous ways become princes, like these men, acquire a principality with difficulty, but they keep it with ease. The difficulties they have in acquiring it rise in part from the new rules and methods which they are forced to introduce to establish their government and its security. And it ought to be remembered that there is nothing more diffi-cult to take in hand, more perilous to conduct, or more uncertain in its success, then to take the lead in the introduction of a new order of things. Because the innovator has for enemies all those who have done well under the old conditions, and lukewarm defenders in those who may do well under the new. This coolness arises partly from fear of the opponents, who have the laws on their side, and partly from the incredulity of men, who do not readily be-lieve in new things until they have had a long experience of them. Thus it happens that whenever those who are hostile have the opportunity to attack they do it like partisans, whilst the others defend lukewarmly, in such wise that the prince is endangered along with them.

It is necessary, therefore, if we desire to discuss this matter thoroughly, to inquire whether these innovators can rely on themselves or have to depend on others: that is to say, whether, to consummate their enterprise, have they to use prayers or can they use force? In the first instance they always succeed badly, and never compass anything; but when they can rely on themselves and use force, then they are rarely endangered. Hence it is that all armed prophets have conquered, and the unarmed ones have been destroyed. Besides the reasons mentioned, the nature of the people is variable, and whilst it is easy to persuade them, it is difficult to fix them in that persuasion. And thus it is necessary to take such measures that, when they believe no longer, it may be possible to make them believe by force.

If Moses, Cyrus, Theseus, and Romulus had been unarmed they could not have enforced their constitutions for long—as happened in our time to Fra Girolamo Savonarola, who was ruined with his new order of things immediately the multitude believed in him no longer, and he had no means of keeping steadfast those who believed or of making the unbelievers to believe. Therefore such as these have great difficulties in consummating their enterprise, for all their dangers are in the ascent, yet with ability they will overcome them; but when these are overcome, and those who envied them their success are exterminated, they will begin to be respected, and they will continue afterwards powerful, secure, honoured, and happy.

To these great examples I wish to add a lesser one; still it bears some resemblance to them, and I wish it to suffice me for all of a like kind: it is Hiero the Syracusan.[6] This man rose from a private station to be Prince of Syracuse, nor did he, either, owe anything to for-tune but opportunity; for the Syracusans, being oppressed, chose him for their captain, after-wards he was rewarded by being made their prince. He was of so great ability, even as a private citizen, that one who writes of him says he wanted nothing but a kingdom to be a

---

6   Hiero II, born about 307 B.C., died 216 B.C.

Roma, e fondatore di quella patria. Bisognava che Ciro trovasse i Persi malcontenti dell'imperio de' Medi, ed i Medi molli ed effeminati per lunga pace. Non poteva Teseo dimostrare la sua virtù, se non trovava gli Ateniesi dispersi. Queste occasioni pertanto fecione questi uomini felici, e l'eccellente virtù loro fece quella occasione esser cognosciuta: donde la loro patria ne fu nobilitata, e diventò felicissima. ℭ Quelli i quali per vie virtuose simili a costoro diventano Principi, acquistano il Principato con difficultà, ma con facilità lo tengono; e le difficultà che hanno nell'acquistare il Principato, nascono in parte da' nuovi ordini e modi, che sono forzati introdurre per fondare lo Stato loro e la loro sicurtà. E debbesi considerare come non è cosa più difficile a trattare, nè più dubbia a riuscire, nè più pericolosa a maneggiare, che farsi capo ad introdurre nuovi ordini. Perchè l'introduttore ha per nimici tutti coloro che degli ordini vecchi fanno bene; e tepidi difensori tutti quelli che degli ordini nuovi farebbono bene; la qual tepidezza nasce, parte per paura degli avversari, che hanno le leggi in beneficio loro, parte dalla incredulità degli uomini, i quali non credono in verità le cose nuove, se non ne veggono nata esperienza ferma. Donde nasce che qualunque volta quelli che sono nimici, hanno occasione di assaltare, lo fanno parzialmente, e quelli altri difendono tepidamente, in modo che insieme con loro si periclita. ℭ È necessario pertanto, volendo discorrere bene questa parte, esaminare se questi innovatori stanno per lor medesimi, o se dipendano da altri; cioè, se per condurre l'opera loro bisogna che preghino, ovvero possono forzare. Nel primo caso capitano sempre male, e non conducono cosa alcuna; ma quando dipendono da loro proprii, e possono forzare, allora è che rade volte periclitano. Di qui nacque che tutti li Profeti armati vinsono, e li disarmati rovinarono; perchè, oltre le cose dette, la natura de' popoli è varia, ed è facile a persuadere loro una cosa, ma è difficile fermargli in quella persuasione. E però conviene essere ordinato in modo, che, quando non credono più, si possa far lor credere per forza.

Moisè, Ciro, Teseo, e Romulo non arebbono potuto fare osservare lungamente le loro costituzioni, se fussero stati disarmati, come ne' nostri tempi intervenne a Frate Girolamo Savonarola, il quale rovinò ne' suoi ordini nuovi, come la moltitudine cominciò a non credergli, e lui non aveva il modo da tenere fermi quelli, che avevano creduto, nè a far credere i discredenti. Però questi tali hanno nel condursi gran difficultà, e tutti i loro pericoli sono tra via, e conviene che con la virtù gli superino; ma superati che gli hanno, e che cominciano ad essere in venerazione, avendo spenti quelli che di sua qualità gli avevano invidia, rimangono potenti, sicuri, onorati, felici. ℭ A sì alti esempi io voglio aggiugnere uno esempio minore; ma bene arà qualche proporzione con quelli, e voglio mi basti per tutti li altri simili: e questo è Ierone Siracusano. Costui di privato diventò Principe di Siracusa; nè ancor egli cognobbe altro dalla fortuna che l'occasione: perchè essendo i Siracusani oppressi l'elessono per loro capitano, donde meritò d'essere fatto loro Principe; e fu di tanta virtù ancora in privata fortuna, che chi

king. This man abolished the old soldiery, organized the new, gave up old alliances, made new ones; and as he had his own soldiers and allies, on such foundations he was able to build any edifice: thus, whilst he had endured much trouble in acquiring, he had but little in keeping.

ne scrive dice, che niente gli mancava a regnare eccetto il Regno. Costui spense la milizia vecchia, ordinò la nuova, lasciò le amicizie antiche, prese delle nuove; e come ebbe amicizie e soldati che fussero suoi, potette in su tale fondamento edificare ogni edificio; tantochè egli durò assai fatica in acquistare, e poca in mantenere.

Chapter VII

Concerning new Principalities
which are acquired either by the arms of others or by good fortune

Those who solely by good fortune become princes from being private citizens have little trouble in rising, but much in keeping atop; they have not any difficulties on the way up, because they fly, but they have many when they reach the summit. Such are those to whom some state is given either for money or by the favour of him who bestows it; as happened to many in Greece, in the cities of Ionia and of the Hellespont, where princes were made by Darius, in order that they might hold the cities both for his security and his glory; as also were those emperors who, by the corruption of the soldiers, from being citizens came to empire. Such stand simply elevated upon the goodwill and the fortune of him who has elevated them—two most inconstant and unstable things. Neither have they the knowledge requisite for the position; because, unless they are men of great worth and ability, it is not reasonable to expect that they should know how to command, having always lived in a private condition; besides, they cannot hold it because they have not forces which they can keep friendly and faithful.

States that rise unexpectedly, then, like all other things in nature which are born and grow rapidly, cannot leave their foundations and correspondencies[7] fixed in such a way that the first storm will not overthrow them; unless, as is said, those who unexpectedly become princes are men of so much ability that they know they have to be prepared at once to hold that which fortune has thrown into their laps, and that those foundations, which others have laid BEFORE they became princes, they must lay AFTERWARDS.

Concerning these two methods of rising to be a prince by ability or fortune, I wish to adduce two examples within our own recollection, and these are Francesco Sforza[8] and Cesare Borgia. Francesco, by proper means and with great ability, from being a private person rose to be Duke of Milan, and that which he had acquired with a thousand anxieties he

---

7   "Le radici e corrispondenze," their roots (i.e. foundations) and correspondencies or relations with other states
    —a common meaning of "correspondence" and "correspondency" in the sixteenth and seventeenth centuries.

8   Francesco Sforza, born 1401, died 1466. He married Bianca Maria Visconti, a natural daughter of Filippo
    Visconti, the Duke of Milan, on whose death he procured his own elevation to the duchy. Machiavelli was the
    accredited agent of the Florentine Republic to Cesare Borgia (1478–1507) during the transactions which led
    up to the assassinations of the Orsini and Vitelli at Sinigalia, and along with his letters to his chiefs in Florence
    he has left an account, written ten years before "The Prince," of the proceedings of the duke in his "Descritione
    del modo tenuto dal duca Valentino nello ammazzare Vitellozzo Vitelli," etc.

Capitolo VII

De' Principati nuovi,
che con forze d'altri e per fortuna si acquistano.

Coloro i quali solamente per fortuna diventano di privati Principi, con poca fatica diventano, ma con assai si mantengono: e non hanno difficultà alcuna tra via, perchè vi volano; ma tutte le difficultà nascono dappoi che vi sono posti. E questi tali sono quelli, a chi è concesso alcuno Stato o per danari, o per grazia di chi lo concede, come intervenne a molti in Grecia nelle città di Ionia, e dell'Ellesponto, dove furono fatti Principi da Dario, acciò le tenessero per sua sicurtà e gloria, come erano ancora fatti quelli Imperadori, che di privati per corruzione de' soldati pervenivano allo Imperio. Questi stanno semplicemente in su la volontà e fortuna di chi gli ha fatti grandi, che sono due cose volubilissime e instabili, e non sanno e non possono tenere quel grado; non sanno, perchè se non è uomo di grande ingegno e virtù, non è ragionevole, che, essendo sempre vissuto in privata fortuna, sappia comandare; non possono, perchè non hanno forze che gli possino essere amiche e fedeli. (Dipoi gli Stati che vengono subito, come tutte le altre cose della natura che nascono e crescono presto, non possono avere le radici e corrispondenzie loro in modo che il primo tempo avverso non le spenga; se già quelli, come è detto, che sì in un subito sono diventati Principi, non sono di tanta virtù, che quello che la fortuna ha messo loro in grembo, sappino subito prepararsi a conservare, e quelli fondamenti, che gli altri hanno fatti avanti che diventino Principi, gli faccino poi.

Io voglio all'uno e all'altro di questi modi, circa il diventare Principe per virtù o per fortuna, addurre duoi esempi stati ne' dì della memoria nostra: e questi sono Francesco Sforza, e Cesare Borgia. Francesco per li debiti mezzi, e con una sua gran virtù, di privato diventò Duca di Milano, e quello che con mille affanni aveva acquistato, con poca fatica mantenne.

kept with little trouble. On the other hand, Cesare Borgia, called by the people Duke Valentino, acquired his state during the ascendancy of his father, and on its decline he lost it, notwithstanding that he had taken every measure and done all that ought to be done by a wise and able man to fix firmly his roots in the states which the arms and fortunes of others had bestowed on him.

Because, as is stated above, he who has not first laid his foundations may be able with great ability to lay them afterwards, but they will be laid with trouble to the architect and danger to the building. If, therefore, all the steps taken by the duke be considered, it will be seen that he laid solid foundations for his future power, and I do not consider it superfluous to discuss them, because I do not know what better precepts to give a new prince than the example of his actions; and if his dispositions were of no avail, that was not his fault, but the extraordinary and extreme malignity of fortune.

Alexander the Sixth, in wishing to aggrandize the duke, his son, had many immediate and prospective difficulties. Firstly, he did not see his way to make him master of any state that was not a state of the Church; and if he was willing to rob the Church he knew that the Duke of Milan and the Venetians would not consent, because Faenza and Rimini were already under the protection of the Venetians. Besides this, he saw the arms of Italy, especially those by which he might have been assisted, in hands that would fear the aggrandizement of the Pope, namely, the Orsini and the Colonnesi and their following. It behoved him, therefore, to upset this state of affairs and embroil the powers, so as to make himself securely master of part of their states. This was easy for him to do, because he found the Venetians, moved by other reasons, inclined to bring back the French into Italy; he would not only not oppose this, but he would render it more easy by dissolving the former marriage of King Louis. Therefore the king came into Italy with the assistance of the Venetians and the consent of Alexander. He was no sooner in Milan than the Pope had soldiers from him for the attempt on the Romagna, which yielded to him on the reputation of the king. ℭThe duke, therefore, having acquired the Romagna and beaten the Colonnesi, while wishing to hold that and to advance further, was hindered by two things: the one, his forces did not appear loyal to him, the other, the goodwill of France: that is to say, he feared that the forces of the Orsini, which he was using, would not stand to him, that not only might they hinder him from winning more, but might themselves seize what he had won, and that the king might also do the same. Of the Orsini he had a warning when, after taking Faenza and attacking Bologna, he saw them go very unwillingly to that attack. And as to the king, he learned his mind when he himself, after taking the Duchy of Urbino, attacked Tuscany, and the king made him desist from that undertaking; hence the duke decided to depend no more upon the arms and the luck of others.

For the first thing he weakened the Orsini and Colonnesi parties in Rome, by gaining to himself all their adherents who were gentlemen, making them his gentlemen, giving them good pay, and, according to their rank, honouring them with office and command in such a way that in a few months all attachment to the factions was destroyed and turned entirely to the duke. ℭAfter this he awaited an opportunity to crush the Orsini, having scattered the adherents of the Colonna house. This came to him soon and he used it well; for the Orsini, perceiving at length that the aggrandizement of the duke and the Church was ruin to them, called a meeting of the Magione in Perugia. From this sprung the rebellion at Urbino and the

Dall'altra parte Cesare Borgia, chiamato dal vulgo Duca Valentino, acquistò lo Stato con la fortuna del Padre, e con quella lo perdette, non ostante che per lui si usasse ogni opera, e facessinsi tutte quelle cose che per un prudente e virtuoso uomo si dovevano fare, per mettere le radici sue in quelli Stati, che l'armi e fortuna di altri gli aveva concessi. ¶ Perchè, come di sopra si disse, chi non fa i fondamenti prima, gli potrebbe con una gran virtù fare dipoi, ancorchè si faccino con disagio dell'architettore, e pericolo dello edificio. Se adunque si considererà tutti i progressi del Duca, si vedrà quanto lui avesse fatto gran fondamento alla futura potenzia, li quali non giudico superfluo discorrere, perchè io non saprei quali precetti mi dare migliori ad un Principe nuovo, che lo esempio delle azioni sue; e se gli ordini suoi non gli giovarono, non fu sua colpa, perchè nacque da una strasordinaria ed estrema malignità di fortuna. ¶ Aveva Alessandro VI nel voler fare grande il Duca suo figliuolo assai difficultà presenti e future. Prima non vedeva via di poterlo fare Signore di alcuno Stato, che non fusse Stato di Chiesa; e sapeva che il Duca di Milano e i Viniziani non glielo consentirebbono, perchè Faenza e Rimino erano di già sotto la protezione de' Viniziani. Vedeva, oltre a questo, le armi d'Italia, e quelle in spezie, di chi si fusse possuto servire, essere nelle mani di coloro che dovevano temere la grandezza del Papa; e però non se ne poteva fidare, essendo tutte negli Orsini, e Colonnesi, e loro seguaci. Era adunque necessario che si turbassero quelli ordini, e disordinare gli Stati d'Italia, per potersi insignorire sicuramente di parte di quelli; il che gli fu facile; perchè trovò i Viniziani, che mossi da altre cagioni si erano volti a fare ripassare i Francesi in Italia; il che non solamente non contradisse, ma fece più facile con la risoluzione del matrimonio antico del Re Luigi. Passò adunque il Re in Italia con lo aiuto de' Viniziani e consenso di Alessandro; nè prima fu in Milano, che il Papa ebbe da lui gente per l'impresa di Romagna, la quale gli fu consentita per la riputazione del Re.

Acquistata adunque il Duca la Romagna, e battuti i Colonnesi, volendo mantenere quella, e procedere più avanti, l'impedivano due cose: l'una l'armi sue, che non gli parevano fedeli; l'altra la volontà di Francia; cioè temeva che l'armi Orsine, delle quali si era servito, non gli mancassero sotto, e non solamente gl'impedissero l'acquistare, ma gli togliessero l'acquistato; e che il Re ancora non gli facesse il simile. Degli Orsini ne ebbe uno riscontro quando dopo l'espugnazione di Faenza assaltò Bologna, che gli vide andare freddi in quello assalto. E circa il Re, cognobbe l'animo suo, quando, preso il Ducato di Urbino, assaltò la Toscana; dalla quale impresa il Re lo fece desistere; ondechè il Duca deliberò non dipendere più dalla fortuna ed armi d'altri. ¶ E la prima cosa indebolì le parti Orsine e Colonnesi in Roma, perchè tutti gli aderenti loro, che fussino gentiluomini, si guadagnò, facendogli suoi gentiluomini, e, dando loro gran provvisioni, gli onorò secondo le qualità loro, di condotte e di governi; in modo che in pochi mesi negli animi loro l'affezione delle parti si spense, e tutta si volse nel Duca.

Dopo questo aspettò l'occasione di spegnere gli Orsini, avendo dispersi quelli di casa Colonna, la quale gli venne bene, ed egli usò meglio; perchè avvedutisi gli Orsini tardi che la grandezza del Duca e della Chiesa era la lor rovina, fecero una dieta a Magione nel Perugino. Da quella nacque la ribellione di Urbino, e li tumulti di Romagna, ed infiniti pericoli del

tumults in the Romagna, with endless dangers to the duke, all of which he overcame with the help of the French. Having restored his authority, not to leave it at risk by trusting either to the French or other outside forces, he had recourse to his wiles, and he knew so well how to conceal his mind that, by the mediation of Signor Pagolo—whom the duke did not fail to secure with all kinds of attention, giving him money, apparel, and horses—the Orsini were reconciled, so that their simplicity brought them into his power at Sinigalia.[9] Having exterminated the leaders, and turned their partisans into his friends, the duke laid sufficiently good foundations to his power, having all the Romagna and the Duchy of Urbino; and the people now beginning to appreciate their prosperity, he gained them all over to himself. And as this point is worthy of notice, and to be imitated by others, I am not willing to leave it out.

When the duke occupied the Romagna he found it under the rule of weak masters, who rather plundered their subjects than ruled them, and gave them more cause for disunion than for union, so that the country was full of robbery, quarrels, and every kind of violence; and so, wishing to bring back peace and obedience to authority, he considered it necessary to give it a good governor. Thereupon he promoted Messer Ramiro d'Orco,[10] a swift and cruel man, to whom he gave the fullest power. This man in a short time restored peace and unity with the greatest success. Afterwards the duke considered that it was not advisable to confer such excessive authority, for he had no doubt but that he would become odious, so he set up a court of judgment in the country, under a most excellent president, wherein all cities had their advocates. And because he knew that the past severity had caused some hatred against himself, so, to clear himself in the minds of the people, and gain them entirely to himself, he desired to show that, if any cruelty had been practised, it had not originated with him, but in the natural sternness of the minister. Under this pretence he took Ramiro, and one morning caused him to be executed and left on the piazza at Cesena with the block and a bloody knife at his side. The barbarity of this spectacle caused the people to be at once satisfied and dismayed.

But let us return whence we started. ⟪I say that the duke, finding himself now sufficiently powerful and partly secured from immediate dangers by having armed himself in his own way, and having in a great measure crushed those forces in his vicinity that could injure him if he wished to proceed with his conquest, had next to consider France, for he knew that the king, who too late was aware of his mistake, would not support him. And from this time he began to seek new alliances and to temporize with France in the expedition which she was making towards the kingdom of Naples against the Spaniards who were besieging Gaeta. It was his intention to secure himself against them, and this he would have quickly accomplished had Alexander lived.

Such was his line of action as to present affairs. But as to the future he had to fear, in the first place, that a new successor to the Church might not be friendly to him and might seek to take from him that which Alexander had given him, so he decided to act in four ways. Firstly, by exterminating the families of those lords whom he had despoiled, so as to take away that pretext from the Pope. Secondly, by winning to himself all the gentlemen of Rome, so as to be able to curb the Pope with their aid, as has been observed. Thirdly,

9   Sinigalia, 31st December 1502.
10   Ramiro d'Orco. Ramiro de Lorqua.

Duca, li quali superò tutti con l'aiuto de' Francesi; e ritornatoli la riputazione, nè si fidando di Francia, nè di altre forze esterne, per non le avere a cimentare si volse agl'inganni, e seppe tanto dissimulare l'animo suo, che gli Orsini, mediante il Signor Paulo, si riconciliarono seco, con il quale il duca non mancò di ogni ragione di ufizio per assicurarlo, dandoli veste, danari, e cavalli; tantochè la semplicità loro gli condusse a Sinigaglia nelle sue mani. Spenti adunque questi capi, e ridotti li partigiani loro amici suoi, aveva il Duca gittati assai buoni fondamenti alla potenza sua, avendo tutta la Romagna con il Ducato di Urbino, e guadagnatosi tutti quei popoli, per avere incominciato a gustare il ben essere loro. E perchè questa parte è degna di notizia, e da essere imitata da altri, non la voglio lasciare indietro.

Preso che ebbe il Duca la Romagna, trovandola essere stata comandata da Signori impotenti, quali piuttosto avevano spogliato i loro sudditi, che correttoli, e dato loro materia di disunione, che di unione; tantochè quella provincia era tutta piena di latrocini, di brighe, e di ogni altra sorte d'insolenza, giudicò necessario, a volerla ridurre pacifica ed obbediente al braccio regio, darli un buon governo. Però vi prepose messer Ramiro d'Orco, uomo crudele ed espedito, al quale dette pienissima potestà. Costui in breve tempo la ridusse pacifica e unita con grandissima riputazione. Dipoi giudicò il Duca non essere a proposito sì eccessiva autorità, perchè dubitava non diventasse odiosa; e preposevi un giudizio civile nel mezzo della provincia, con un presidente eccellentissimo, dove ogni città avea l'avvocato suo. E perchè cognosceva le rigorosità passate avergli generato qualche odio, per purgare gli animi di quelli popoli, e guadagnarseli in tutto, volse mostrare che se crudeltà alcuna era seguita, non era nata da lui, ma dall'acerba natura del ministro. E, preso sopra questo occasione, lo fece mettere una mattina in duo pezzi a Cesena in su la piazza con un pezzo di legno e un coltello sanguinoso a canto. La ferocità del quale spettacolo fece quelli popoli in un tempo rimanere soddisfatti e stupidi. ⟨Ma torniamo donde noi partimmo.

Dico, che trovandosi il Duca assai potente, ed in parte assicurato da' presenti pericoli, per essersi armato a suo modo, ed avere in buona parte spente quelle armi che vicine lo potevano offendere, li restava, volendo procedere con l'acquisto, il respetto di Francia; perchè cognosceva che dal Re, il quale tardi si era avveduto dell'errore suo, non gli sarebbe sopportato. E cominciò per questo a cercare amicizie nuove, e vacillare con Francia, nella venuta che fecero i Francesi verso il Regno di Napoli contro li Spagnuoli che assediavano Gaeta. E l'animo suo era di assicurarsi di loro; il che già saria presto riuscito, se Alessandro viveva. ⟨E questi furono i governi suoi circa le cose presenti. Ma quanto alle future egli aveva da dubitare; prima che un nuovo successore alla Chiesa non gli fusse amico, e cercasse torgli quello che Alessandro gli aveva dato; e pensò farlo in quattro modi. Primo, con ispegnere tutti i sangui di quelli Signori che egli aveva spogliato, per torre al Papa quelle occasioni. Secondo, con guadagnarsi tutti i gentiluomini di Roma per potere con quelli, come è detto, tenere il Papa

by converting the college more to himself. Fourthly, by acquiring so much power before the Pope should die that he could by his own measures resist the first shock. ⟨Of these four things, at the death of Alexander, he had accomplished three. For he had killed as many of the dispossessed lords as he could lay hands on, and few had escaped; he had won over the Roman gentlemen, and he had the most numerous party in the college. And as to any fresh acquisition, he intended to become master of Tuscany, for he already possessed Perugia and Piombino, and Pisa was under his protection. And as he had no longer to study France (for the French were already driven out of the kingdom of Naples by the Spaniards, and in this way both were compelled to buy his goodwill), he pounced down upon Pisa. After this, Lucca and Siena yielded at once, partly through hatred and partly through fear of the Florentines; and the Florentines would have had no remedy had he continued to prosper, as he was prospering the year that Alexander died, for he had acquired so much power and reputation that he would have stood by himself, and no longer have depended on the luck and the forces of others, but solely on his own power and ability.

But Alexander died five years after he had first drawn the sword. He left the duke with the state of Romagna alone consolidated, with the rest in the air, between two most powerful hostile armies, and sick unto death. Yet there were in the duke such boldness and ability, and he knew so well how men are to be won or lost, and so firm were the foundations which in so short a time he had laid, that if he had not had those armies on his back, or if he had been in good health, he would have overcome all difficulties. And it is seen that his foundations were good, for the Romagna awaited him for more than a month. In Rome, although but half alive, he remained secure; and whilst the Baglioni, the Vitelli, and the Orsini might come to Rome, they could not effect anything against him. If he could not have made Pope him whom he wished, at least the one whom he did not wish would not have been elected. But if he had been in sound health at the death of Alexander,[11] everything would have been different to him. On the day that Julius the Second[12] was elected, he told me that he had thought of everything that might occur at the death of his father, and had provided a remedy for all, except that he had never anticipated that, when the death did happen, he himself would be on the point to die.

When all the actions of the duke are recalled, I do not know how to blame him, but rather it appears to be, as I have said, that I ought to offer him for imitation to all those who, by the fortune or the arms of others, are raised to government. Because he, having a lofty spirit and far-reaching aims, could not have regulated his conduct otherwise, and only the shortness of the life of Alexander and his own sickness frustrated his designs. ⟨Therefore, he who considers it necessary to secure himself in his new principality, to win friends, to overcome either by force or fraud, to make himself beloved and feared by the people, to be followed and revered by the soldiers, to exterminate those who have power or reason to hurt him, to change the old order of things for new, to be severe and gracious, magnanimous and liberal, to destroy a disloyal soldiery and to create new, to maintain friendship with kings and princes in such a way that they must help him with zeal and offend with caution, cannot find a more lively example than the actions of this man.

---

11 Alexander VI died of fever, 18th August 1503.
12 Julius II was Giuliano della Rovere, Cardinal of San Pietro ad Vincula, born 1443, died 1513.

in freno. Terzo, con ridurre il Collegio più suo che poteva. Quarto, con acquistare tanto imperio, avanti che il Papa morisse, che potesse per sè medesimo resistere a un primo impeto.

Di queste quattro cose alla morte di Alessandro ne aveva condotte tre; la quarta aveva quasi per condotta. Perchè de' Signori spogliati ne ammazzò quanti ne potè aggiugnere, e pochissimi si salvarono; i gentiluomini Romani si aveva guadagnato; e nel Collegio aveva grandissima parte. E quanto al nuovo acquisto, aveva disegnato diventare Signore di Toscana; e possedeva già Perugia e Piombino, e di Pisa aveva preso la protezione. E come non avesse dovuto avere rispetto a Francia (che non glie n'aveva ad aver più, per essere già i Francesi spogliati del Regno di Napoli dagli Spagnuoli, in forma che ciascun di loro era necessitato di comperare l'amicizia sua), saltava in Pisa. Dopo questo, Lucca e Siena cedeva subito, parte per invidia de' Fiorentini, e parte per paura; i Fiorentini non avevano rimedio; il che se li fusse riuscito, che gli riusciva l'anno medesimo che Alessandro morì, si acquistava tante forze e tanta riputazione, che per sè stesso si sarebbe retto, senza dipendere dalla fortuna o forza d'altri, ma solo dalla potenza e virtù sua. ℭMa Alessandro morì dopo cinque anni, che egli aveva incominciato a trarre fuora la spada. Lasciollo con lo Stato di Roma solamente assolidato, con tutti gli altri in aria, intra duoi potentissimi eserciti inimici, ammalato a morte. Ed era nel Duca tanta ferocia e tanta virtù, e si ben cognosceva come gli uomini s'abbino a guadagnare o perdere, e tanto erano validi i fondamenti che in sì poco tempo si aveva fatti, che se non avesse avuto quelli eserciti addosso, o fusse stato sano, arebbe retto ad ogni difficultà. E che li fondamenti suoi fussino buoni, si vide, che la Romagna l'aspettò più di un mese; in Roma, ancora che mezzo morto, stette sicuro; e benchè i Baglioni, Vitelli, e Orsini venissero in Roma, non ebbero seguito contro di lui. Potè fare, se non chi egli volle, almeno che non fusse Papa chi egli non voleva. Ma se nella morte di Alessandro fusse stato sano, ogni cosa gli era facile. Ed egli mi disse ne' dì che fu creato Iulio II, che avea pensato a tutto quello che potesse nascere morendo il Padre, e a tutto aveva trovato rimedio, eccetto che non pensò mai in su la sua morte di stare ancora lui per morire. ℭRaccolte adunque tutte queste azioni del Duca, non saprei riprenderlo, anzi mi pare, come io ho fatto, di proporlo ad imitare a tutti coloro, che per fortuna e con l'armi d'altri sono saliti all'imperio. Perchè egli avendo l'animo grande, e la sua intenzione alta, non si poteva governare altrimenti; e solo si oppose alli suoi disegni la brevità della vita di Alessandro, e la sua infirmità.

Chi adunque giudica necessario nel suo Principato nuovo assicurarsi degl'inimici, guadagnarsi amici, vincere o per forza o per fraude, farsi amare e temere da' populi, seguire e riverire da' soldati, spegnere quelli che ti possono o debbono offendere, e innovare con nuovi modi gli ordini antichi, essere severo e grato, magnanimo e liberale, spegnere la milizia infedele, creare della nuova, mantenersi le amicizie de' Re e delli Principi, in modo che ti abbino a beneficare con grazia, o ad offendere con rispetto, non può trovare più freschi esempi,

Only can he be blamed for the election of Julius the Second, in whom he made a bad choice, because, as is said, not being able to elect a Pope to his own mind, he could have hindered any other from being elected Pope; and he ought never to have consented to the election of any cardinal whom he had injured or who had cause to fear him if they became pontiffs. For men injure either from fear or hatred. Those whom he had injured, amongst others, were San Pietro ad Vincula, Colonna, San Giorgio, and Ascanio.[13] The rest, in becoming Pope, had to fear him, Rouen and the Spaniards excepted; the latter from their relationship and obligations, the former from his influence, the kingdom of France having relations with him. Therefore, above everything, the duke ought to have created a Spaniard Pope, and, failing him, he ought to have consented to Rouen and not San Pietro ad Vincula. He who believes that new benefits will cause great personages to forget old injuries is deceived. Therefore, the duke erred in his choice, and it was the cause of his ultimate ruin.

---

13   San Giorgio is Raffaello Riario. Ascanio is Ascanio Sforza.

che le azioni di costui. ⸿Solamente si può accusarlo nella creazione di Iulio II, nella quale egli ebbe mala elezione; perchè, come è detto, non potendo fare un Papa a suo modo, poteva tenere, che uno non fusse Papa; e non dovea acconsentire mai al Papato di quelli Cardinali, che lui avesse offesi, o che diventati Pontefici avessino ad avere paura di lui. Perchè gli uomini offendono o per paura, o per odio. Quelli che egli aveva offesi, erano, tra gli altri, S. Pietro ad Vincula, Colonna, S. Giorgio, Ascanio. Tutti gli altri assunti al Pontificato avevano da temerlo, eccetto Roano e gli Spagnuoli. Questi per coniunzione e obbligo, quello per potenza, avendo congiunto seco il Regno di Francia. Pertanto il Duca innanzi ad ogni cosa doveva creare Papa uno Spagnuolo; e, non potendo, dovea consentire che fusse Roano, e non S. Pietro ad Vincula. E chi crede che ne' personaggi grandi beneficii nuovi faccino dimenticare l'ingiurie vecchie, s'inganna. Errò adunque il Duca in questa elezione, e fu cagione dell'ultima rovina sua.

Chapter VIII

Concerning those who have obtained a Principality by wickedness

Although a prince may rise from a private station in two ways, neither of which can be entirely attributed to fortune or genius, yet it is manifest to me that I must not be silent on them, although one could be more copiously treated when I discuss republics. These methods are when, either by some wicked or nefarious ways, one ascends to the principality, or when by the favour of his fellow-citizens a private person becomes the prince of his country. And speaking of the first method, it will be illustrated by two examples—one ancient, the other modern—and without entering further into the subject, I consider these two examples will suffice those who may be compelled to follow them.

Agathocles, the Sicilian,[14] became King of Syracuse not only from a private but from a low and abject position. This man, the son of a potter, through all the changes in his fortunes always led an infamous life. Nevertheless, he accompanied his infamies with so much ability of mind and body that, having devoted himself to the military profession, he rose through its ranks to be Praetor of Syracuse. Being established in that position, and having deliberately resolved to make himself prince and to seize by violence, without obligation to others, that which had been conceded to him by assent, he came to an understanding for this purpose with Amilcar, the Carthaginian, who, with his army, was fighting in Sicily. One morning he assembled the people and the senate of Syracuse, as if he had to discuss with them things relating to the Republic, and at a given signal the soldiers killed all the senators and the richest of the people; these dead, he seized and held the princedom of that city without any civil commotion. And although he was twice routed by the Carthaginians, and ultimately besieged, yet not only was he able to defend his city, but leaving part of his men for its defence, with the others he attacked Africa, and in a short time raised the siege of Syracuse. The Carthaginians, reduced to extreme necessity, were compelled to come to terms with Agathocles, and, leaving Sicily to him, had to be content with the possession of Africa.

Therefore, he who considers the actions and the genius of this man will see nothing, or little, which can be attributed to fortune, inasmuch as he attained pre-eminence, as is shown above, not by the favour of any one, but step by step in the military profession, which steps were gained with a thousand troubles and perils, and were afterwards boldly held by him with many hazardous dangers. Yet it cannot be called talent to slay fellow-citizens, to deceive friends, to be without faith, without mercy, without religion; such methods may gain empire, but not glory. Still, if the courage of Agathocles in entering into and extricating

---

14 Agathocles the Sicilian, born 361 BC, died 289 BC.

Capitolo VIII

Di quelli che per scelleratezze sono pervenuti al Principato.

Ma perchè di privato si diventa ancora in duoi modi Principe, il che non si può al tutto, o alla fortuna, o alla virtù attribuire, non mi pare da lasciargli indietro, ancora che dell'uno si possa più diffusamente ragionare dove si trattasse delle Republiche. Questi sono, quando o per qualche via scellerata e nefaria si ascende al Principato, o quando uno privato cittadino con il favore degli altri suoi cittadini diventa Principe della sua patria. E, parlando del primo modo, si mostrerà con duoi esempi, l'uno antico, l'altro moderno, senza entrare altrimenti ne' meriti di questa parte, perchè giudico che bastino a chi fusse necessitato imitargli. ℂ Agatocle Siciliano, non solo di privata, ma d'infima ed abietta fortuna, divenne Re di Siracusa. Costui nato di un orciolaio, tenne sempre per i gradi della sua fortuna vita scellerata. Nondimanco accompagnò le sue scelleratezze con tanta virtù di animo e di corpo, che voltosi alla milizia, per li gradi di quella pervenne ad essere Pretore di Siracusa. Nel quale grado essendo costituito, ed avendo deliberato volere diventar Principe, e tenere con violenza e senza obbligo d'altri quello che d'accordo gli era stato concesso, ed avuto di questo suo disegno intelligenza con Amilcare Cartaginese, il quale con gli eserciti militava in Sicilia, congregò una mattina il Popolo ed il Senato di Siracusa, come se egli avesse avuto a deliberare cose pertinenti alla Repubblica; e, ad uno cenno ordinato, fece da' suoi soldati uccidere tutti li Senatori, e li più ricchi del popolo; li quali morti, occupò e tenne il Principato di quella città senza alcuna controversia civile. E benchè da' Cartaginesi fusse due volte rotto, e ultimamente assediato, non solamente potè difendere la sua città, ma lasciata parte della sua gente alla difesa di quella, con l'altre assaltò l'Affrica, e in breve tempo liberò Siracusa dall'assedio, e condusse i Cartaginesi in estrema necessità: i quali furono necessitati ad accordarsi con quello, ad essere contenti della possessione dell'Affrica, e ad Agatocle lasciare la Sicilia.

Chi considerasse adunque le azioni e virtù di costui, non vedria cose o poche, le quali possa attribuire alla fortuna, conciossiachè, come di sopra è detto, non per favore di alcuno, ma per li gradi della milizia, quali con mille disagi e pericoli si aveva guadagnato, pervenisse al Principato, e quello dipoi con tanti animosi partiti e pericolosi mantenesse. Non si può chiamare ancora virtù ammazzare li suoi cittadini, tradire gli amici, essere senza fede, senza pietà, senza religione; li quali modi possono far acquistare imperio, ma non gloria. Perchè se si considerasse la virtù di Agatocle nell'entrare e nell'uscire de' pericoli, e la grandezza

himself from dangers be considered, together with his greatness of mind in enduring and overcoming hardships, it cannot be seen why he should be esteemed less than the most notable captain. Nevertheless, his barbarous cruelty and inhumanity with infinite wickedness do not permit him to be celebrated among the most excellent men. What he achieved cannot be attributed either to fortune or genius.

In our times, during the rule of Alexander the Sixth, Oliverotto da Fermo, having been left an orphan many years before, was brought up by his maternal uncle, Giovanni Fogliani, and in the early days of his youth sent to fight under Pagolo Vitelli, that, being trained under his discipline, he might attain some high position in the military profession. After Pagolo died, he fought under his brother Vitellozzo, and in a very short time, being endowed with wit and a vigorous body and mind, he became the first man in his profession. But it appearing a paltry thing to serve under others, he resolved, with the aid of some citizens of Fermo, to whom the slavery of their country was dearer than its liberty, and with the help of the Vitelleschi, to seize Fermo. So he wrote to Giovanni Fogliani that, having been away from home for many years, he wished to visit him and his city, and in some measure to look upon his patrimony; and although he had not laboured to acquire anything except honour, yet, in order that the citizens should see he had not spent his time in vain, he desired to come honourably, so would be accompanied by one hundred horsemen, his friends and retainers; and he entreated Giovanni to arrange that he should be received honourably by the Fermians, all of which would be not only to his honour, but also to that of Giovanni himself, who had brought him up.

Giovanni, therefore, did not fail in any attentions due to his nephew, and he caused him to be honourably received by the Fermians, and he lodged him in his own house, where, having passed some days, and having arranged what was necessary for his wicked designs, Oliverotto gave a solemn banquet to which he invited Giovanni Fogliani and the chiefs of Fermo. When the viands and all the other entertainments that are usual in such banquets were finished, Oliverotto artfully began certain grave discourses, speaking of the greatness of Pope Alexander and his son Cesare, and of their enterprises, to which discourse Giovanni and others answered; but he rose at once, saying that such matters ought to be discussed in a more private place, and he betook himself to a chamber, whither Giovanni and the rest of the citizens went in after him. No sooner were they seated than soldiers issued from secret places and slaughtered Giovanni and the rest. After these murders Oliverotto, mounted on horseback, rode up and down the town and besieged the chief magistrate in the palace, so that in fear the people were forced to obey him, and to form a government, of which he made himself the prince. He killed all the malcontents who were able to injure him, and strengthened himself with new civil and military ordinances, in such a way that, in the year during which he held the principality, not only was he secure in the city of Fermo, but he had become formidable to all his neighbours. And his destruction would have been as difficult as that of Agathocles if he had not allowed himself to be overreached by Cesare Borgia, who took him with the Orsini and Vitelli at Sinigalia, as was stated above. Thus one year after he had committed this parricide, he was strangled, together with Vitellozzo, whom he had made his leader in valour and wickedness.

Some may wonder how it can happen that Agathocles, and his like, after infinite treacheries and cruelties, should live for long secure in his country, and defend himself from

dell'animo suo nel sopportare e superare le cose avverse, non si vede perchè egli abbia ad essere tenuto inferiore a qualsisia eccellentissimo capitano. Nondimeno la sua efferata crudeltà e inumanità, con infinite scelleratezze, non consentono che sia tra li eccellentissimi uomini celebrato. Non si può adunque attribuire alla fortuna o alla virtù quello che senza l'una e l'altra fu da lui conseguito. ⟨Ne' tempi nostri, regnante Alessandro VI, Oliverotto da Fermo, essendo più anni addietro rimaso piccolo, fu da un suo zio materno, chiamato Giovanni Fogliani, allevato, e ne' primi tempi della sua gioventù dato a militare sotto Paulo Vitelli, acciocchè ripieno di quella disciplina, pervenisse a qualche grado eccellente di milizia. Morto dipoi Paulo, militò sotto Vitellozzo suo fratello, ed in brevissimo tempo, per essere ingegnoso, e della persona e dell'animo gagliardo, diventò de' primi uomini della sua milizia. Ma parendogli cosa servile lo stare con altri, pensò, con l'aiuto di alcuni cittadini di Fermo, a' quali era più cara la servitù, che la libertà della loro patria, e con il favore Vitellesco, di occupare Fermo; e scrisse a Giovanni Fogliani, come essendo stato più anni fuor di casa, voleva venire a veder lui e la sua città, e in qualche parte ricognoscere il suo patrimonio. E perchè non si era affaticato per altro, che per acquistare onore, acciocchè i suoi cittadini vedessero come non aveva speso il tempo invano, voleva venire onorevolmente, ed accompagnato da cento cavalli di suoi amici e servitori, e pregavalo che fusse contento ordinare che da' Firmani fusse ricevuto onoratamente; il che non solamente tornava onore a lui, ma a sè proprio, essendo suo allievo.

Non mancò pertanto Giovanni di alcuno officio debito verso il nipote, e fattolo ricevere onoratamente da' Firmani, alloggiò nelle case sue, dove passato alcun giorno, ed atteso a ordinare quello che alla sua futura scelleratezza era necessario, fece un convito solennissimo, dove invitò Giovanni Fogliani, e tutti li primi uomini di Fermo. Ed avuto che ebbero fine le vivande, e tutti gli altri intrattenimenti che in simili conviti si fanno, Oliverotto ad arte mosse certi ragionamenti gravi, parlando della grandezza di Papa Alessandro e di Cesare suo figliuolo, e dell'imprese loro; alli quali ragionamenti rispondendo Giovanni e gli altri, egli ad un tratto si rizzò, dicendo quelle essere cose da parlarne in più segreto luogo, e ritirossi in una camera, dove Giovanni e tutti gli altri cittadini gli andarono dietro: Nè prima furono posti a sedere, che da luoghi secreti di quella uscirono soldati che ammazzarono Giovanni e tutti gli altri. Dopo il quale omicidio montò Oliverotto a cavallo, e corse la terra, ed assediò nel palazzo il supremo magistrato; tantochè per paura furono costretti ubbidirlo, e fermare un governo, del quale si fece Principe. E morti tutti quelli che, per essere malcontenti, lo potevano offendere, si corroborò con nuovi ordini civili e militari; in modo che in spazio di un anno che tenne il Principato, non solamente egli era sicuro nella città di Fermo, ma era diventato formidabile a tutti li suoi vicini; e sarebbe stata la sua espugnazione difficile, come quella di Agatocle, se non si fusse lasciato ingannare da Cesare Borgia, quando a Sinigaglia, come di sopra si disse, prese gli Orsini e Vitelli, dove, preso ancora lui, un anno dopo il commesso parricidio, fu insieme con Vitellozzo, il quale aveva avuto maestro delle virtù e scelleratezze sue, strangolato.

Potrebbe alcuno dubitare donde nascesse che Agatocle ed alcuno simile, dopo infiniti tradimenti e crudeltà, potette vivere lungamente sicuro nella sua patria, e difendersi

external enemies, and never be conspired against by his own citizens; seeing that many others, by means of cruelty, have never been able even in peaceful times to hold the state, still less in the doubtful times of war. I believe that this follows from severities[15] being badly or properly used. Those may be called properly used, if of evil it is possible to speak well, that are applied at one blow and are necessary to one's security, and that are not persisted in afterwards unless they can be turned to the advantage of the subjects. The badly employed are those which, notwithstanding they may be few in the commencement, multiply with time rather than decrease. Those who practise the first system are able, by aid of God or man, to mitigate in some degree their rule, as Agathocles did. It is impossible for those who follow the other to maintain themselves.

Hence it is to be remarked that, in seizing a state, the usurper ought to examine closely into all those injuries which it is necessary for him to inflict, and to do them all at one stroke so as not to have to repeat them daily; and thus by not unsettling men he will be able to reassure them, and win them to himself by benefits. He who does otherwise, either from timidity or evil advice, is always compelled to keep the knife in his hand; neither can he rely on his subjects, nor can they attach themselves to him, owing to their continued and repeated wrongs. For injuries ought to be done all at one time, so that, being tasted less, they offend less; benefits ought to be given little by little, so that the flavour of them may last longer.

And above all things, a prince ought to live amongst his people in such a way that no unexpected circumstances, whether of good or evil, shall make him change; because if the necessity for this comes in troubled times, you are too late for harsh measures; and mild ones will not help you, for they will be considered as forced from you, and no one will be under any obligation to you for them.

---

15   Mr Burd suggests that this word probably comes near the modern equivalent of Machiavelli's thought when he speaks of "crudelta" than the more obvious "cruelties."

dagl'inimici esterni, e da suoi cittadini non gli fu mai conspirato contra; conciossiachè molti altri, mediante la crudeltà, non abbino mai possuto ancora ne' tempi pacifici mantenere lo Stato, non che ne' tempi dubbiosi di guerre. Credo che questo avvenga dalle crudeltà male usate o bene usate. Bene usate si possono chiamare quelle, se del male è lecito dire bene, che si fanno una sol volta per necessità dell'assicurarsi, e dipoi non vi s'insiste dentro, ma si convertiscono in più utilità de' sudditi che si può. Le male usate sono quelle, quali ancora che da principio siano poche, crescono piuttosto col tempo che le si spenghino. Coloro che osserveranno quel primo modo, possono con Dio e con gli uomini allo Stato loro avere qualche rimedio, come ebbe Agatocle. Quegli altri è impossibile si mantenghino. ℭ Onde è da notare, che nel pigliare uno Stato, debbe l'occupatore di esso discorrere e fare tutte le crudeltà in un tratto, e per non avere a ritornarvi ogni dì, e per potere, non l'innovando, assicurare gli uomini, e guadagnarseli con beneficargli. Chi fa altrimente per timidità o per mal consiglio, è sempre necessitato tenere il coltello in mano, nè mai si può fondare sopra i suoi sudditi, non si potendo quelli, per le continue e fresche ingiurie, assicurare di lui. Perchè le ingiurie si debbono fare tutte insieme, acciocchè assaporandosi meno, offendino meno; li beneficii si debbono fare a poco a poco, acciocchè si assaporino meglio. ℭ E deve sopra tutto un Principe vivere con li suoi sudditi in modo che nessuno accidente, o di male, o di bene, lo abbia a far variare; perchè, venendo per li tempi avversi la necessità, tu non sei a tempo al male; ed il bene che tu fai, non ti giova, perchè è giudicato forzato, e non grado alcuno ne riporti.

Chapter IX

Concerning a civil Principality

But coming to the other point—where a leading citizen becomes the prince of his coun-try, not by wickedness or any intolerable violence, but by the favour of his fellow citizens—this may be called a civil principality: nor is genius or fortune altogether necessary to attain to it, but rather a happy shrewdness. I say then that such a principality is obtained either by the favour of the people or by the favour of the nobles. Because in all cities these two distinct parties are found, and from this it arises that the people do not wish to be ruled nor op-pressed by the nobles, and the nobles wish to rule and oppress the people; and from these two opposite desires there arises in cities one of three results, either a principality, self- gov-ernment, or anarchy.

A principality is created either by the people or by the nobles, accordingly as one or other of them has the opportunity; for the nobles, seeing they cannot withstand the people, begin to cry up the reputation of one of themselves, and they make him a prince, so that under his shadow they can give vent to their ambitions. The people, finding they cannot resist the nobles, also cry up the reputation of one of themselves, and make him a prince so as to be de-fended by his authority. He who obtains sovereignty by the assistance of the nobles main-tains himself with more difficulty than he who comes to it by the aid of the people, because the former finds himself with many around him who consider themselves his equals, and be-cause of this he can neither rule nor manage them to his liking. But he who reaches sover-eignty by popular favour finds himself alone, and has none around him, or few, who are not prepared to obey him.

Besides this, one cannot by fair dealing, and without injury to others, satisfy the nobles, but you can satisfy the people, for their object is more righteous than that of the nobles, the latter wishing to oppress, while the former only desire not to be oppressed. It is to be added also that a prince can never secure himself against a hostile people, because of their being too many, whilst from the nobles he can secure himself, as they are few in number. The worst that a prince may expect from a hostile people is to be abandoned by them; but from hostile nobles he has not only to fear abandonment, but also that they will rise against him; for they, being in these affairs more far-seeing and astute, always come forward in time to save them-selves, and to obtain favours from him whom they expect to prevail. Further, the prince is compelled to live always with the same people, but he can do well without the same nobles, being able to make and unmake them daily, and to give or wake away authority when it pleases him.

Capitolo IX

Del Principato civile.

Ma venendo all'altra parte quando un Principe cittadino, non per scelleratezza o altra intollerabile violenza, ma con il favore degli altri suoi cittadini diventa Principe della sua patria, il qual si può chiamare Principato civile, nè al pervenirvi è necessario o tutta virtù, o tutta fortuna, ma piuttosto un'astuzia fortunata; dico, che si ascende a questo Principato o col favore del popolo, o col favore de' grandi. Perchè in ogni città si trovano questi duoi umori diversi, e nascono da questo, che il popolo desidera non esser comandato nè oppresso da' grandi, e i grandi desiderano comandare e opprimere il popolo; e da questi duoi appetiti diversi surge nelle città uno de' tre effetti, o Principato, o Libertà, o Licenza. ℂIl Principato è causato o dal popolo, o da' grandi, secondochè l'una, o l'altra di queste parte ne ha l'occasione; perchè vedendo i grandi non poter resistere al popolo, cominciano a voltare la riputazione ad uno di loro, e lo fanno Principe, per poter sotto l'ombra sua sfogare l'appetito loro. Il popolo ancora volta la riputazione ad un solo, vedendo non poter resistere alli grandi, e lo fa Principe, per essere con l'autorità sua difeso. Colui che viene al Principato con l'aiuto de' grandi, si mantiene con più difficultà, che quello che diventa con l'aiuto del popolo; perchè si trova Principe con di molti intorno che a loro pare essere eguali a lui; e per questo non gli può nè comandare, nè maneggiare a suo modo. Ma colui che arriva al Principato con il favor popolare, vi si trova solo, e ha intorno o nessuno o pochissimi che non sieno parati ad ubbidire. ℂOltre a questo, non si può con onestà satisfare a' grandi, e senza ingiuria d'altri, ma sibbene al popolo; perchè quello del popolo è più onesto fine che quel de' grandi, volendo questi opprimere, e quello non essere oppresso. Aggiungesi ancora, che del popolo nimico il Principe non si può mai assicurare per essere troppi; de' grandi si può assicurare per essere pochi.

Il peggio che possa aspettare un Principe dal popolo nimico, è l'essere abbandonato da lui; ma da' grandi nimici non solo debbe temere di essere abbandonato, ma che ancor loro gli venghino contro; perchè essendo in quelli più vedere e più astuzia, avanzano sempre tempo per salvarsi, e cercano gradi con quello che sperano che vinca. È necessitato ancora il Principe vivere sempre con quel medesimo popolo, ma può ben fare senza quelli medesimi grandi, potendo farne e disfarne ogni dì, e torre e dare, quando gli piace, riputazione loro.

Therefore, to make this point clearer, I say that the nobles ought to be looked at mainly in two ways: that is to say, they either shape their course in such a way as binds them entirely to your fortune, or they do not. Those who so bind themselves, and are not rapacious, ought to be honoured and loved; those who do not bind themselves may be dealt with in two ways; they may fail to do this through pusillanimity and a natural want of courage, in which case you ought to make use of them, especially of those who are of good counsel; and thus, whilst in prosperity you honour them, in adversity you do not have to fear them. But when for their own ambitious ends they shun binding themselves, it is a token that they are giving more thought to themselves than to you, and a prince out to guard against such, and to fear them as if they were open enemies, because in adversity they always help to ruin him.

Therefore, one who becomes a prince through the favour of the people ought to keep them friendly, and this he can easily do seeing they only ask not to be oppressed by him. But one who, in opposition to the people, becomes a prince by the favour of the nobles, ought, above everything, to seek to win the people over to himself, and this he may easily do if he takes them under his protection. Because men, when they receive good from him of whom they were expecting evil, are bound more closely to their benefactor; thus the people quickly become more devoted to him than if he had been raised to the principality by their favours; and the prince can win their affections in many ways, but as these vary according to the circumstances one cannot give fixed rules, so I omit them; ℂbut, I repeat, it is necessary for a prince to have the people friendly, otherwise he has no security in adversity.

Nabis,[16] Prince of the Spartans, sustained the attack of all Greece, and of a victorious Roman army, and against them he defended his country and his government; and for the overcoming of this peril it was only necessary for him to make himself secure against a few, but this would not have been sufficient had the people been hostile. And do not let any one impugn this statement with the trite proverb that "He who builds on the people, builds on the mud," for this is true when a private citizen makes a foundation there, and persuades himself that the people will free him when he is oppressed by his enemies or by the magistrates; wherein he would find himself very often deceived, as happened to the Gracchi in Rome and to Messer Giorgio Scali[17] in Florence. But granted a prince who has established himself as above, who can command, and is a man of courage, undismayed in adversity, who does not fail in other qualifications, and who, by his resolution and energy, keeps the whole people encouraged—such a one will never find himself deceived in them, and it will be shown that he has laid his foundations well.

These principalities are liable to danger when they are passing from the civil to the absolute order of government, for such princes either rule personally or through magistrates. In the latter case their government is weaker and more insecure, because it rests entirely on the goodwill of those citizens who are raised to the magistracy, and who, especially in troubled times, can destroy the government with great ease, either by intrigue or open defiance; and the prince has not the chance amid tumults to exercise absolute authority, because the citizens and subjects, accustomed to receive orders from magistrates, are not of a mind to obey him amid these confusions, and there will always be in doubtful times a scarcity of men

---

16   Nabis, tyrant of Sparta, conquered by the Romans under Flamininus in 195 BC; killed 192 BC.
17   Messer Giorgio Scali. This event is to be found in Machiavelli's *Florentine History*, Book III.

℄ E per chiarire meglio questa parte, dico, come i grandi si debbono considerare in duoi modi principalmente, cioè o si governano in modo col procedere loro, che si obbligano in tutto alla tua fortuna, o no; quelli che si obbligano, e non sieno rapaci, si debbono onorare ed amare; quelli che non si obbligano, si hanno a considerare in duoi modi: o fanno questo per pusillanimità e difetto naturale d'animo, ed allora ti debbi servir di loro, e di quelli massime che sono di buon consiglio; perchè nelle prosperità te ne onori, e nelle avversità non hai da temere. Ma quando non si obbligano ad arte, e per cagione ambiziosa, è segno come e' pensano più a sè, che a te. E da quelli si deve il Principe guardare, e tenergli come se fussero scoperti nimici, perchè sempre nelle avversità l'aiuteranno rovinare. ℄ Debbe pertanto uno che diventa Principe per favore del popolo, mantenerselo amico; il che gli fia facile, non domandando lui se non di non essere oppresso. Ma uno che contro il popolo diventi Principe con il favor de' grandi, deve innanzi ogni altra cosa cercare di guadagnarsi il popolo; il che gli fia facile, quando pigli la protezione sua. E perchè gli uomini, quando hanno bene da chi credevano aver male, si obbligano più al beneficatore loro, diventa il popolo suddito più suo benevolo, che se si fusse condotto al Principato per li suoi favori; e puosselo il Principe guadagnare in molti modi, li quali perchè variano secondo il suggetto, non se ne può dare certa regola; però si lasceranno indietro.

Conchiuderò solo che ad un Principe è necessario avere il popolo amico, altrimenti non ha nelle avversità rimedio. ℄ Nabide Principe degli Spartani sostenne l'ossidione di tutta Grecia e di uno esercito Romano vittoriosissimo, e difese contro a quelli la patria sua e il suo Stato, e gli bastò solo, sopravvenendo il pericolo, assicurarsi di pochi. Che se egli avessi avuto il popolo nemico, questo non gli bastava. E non sia alcuno che ripugni a questa mia opinione con quel proverbio trito, che chi fonda in sul popolo fonda in sul fango; perchè quello è vero, quando un cittadino privato vi fa su fondamento, e dassi ad intendere che il popolo lo liberi quando esso fusse oppresso dagl'inimici, o da' magistrati; in questo caso si potrebbe trovare spesso ingannato, come intervenne in Roma a' Gracchi, ed a Firenze a Messer Giorgio Scali. Ma essendo un Principe quello che sopra vi si fonda, che possa comandare, e sia un uomo di cuore, nè si sbigottisca nelle avversità, e non manchi delle altre preparazioni, e tenga con l'animo e ordini suoi animato l'universale, non si troverà ingannato da lui, e gli parrà aver fatti i suoi fondamenti buoni. ℄ Sogliono questi Principati periclitare quando sono per salire dall'ordine civile allo assoluto: perchè questi Principi o comandano per loro medesimi, o per mezzo de' magistrati. Nell'ultimo caso è più debole e più pericoloso lo Stato loro, perchè egli stanno al tutto con la volontà di quelli cittadini che sono preposti a' magistrati, li quali, massimamente ne' tempi avversi, gli possono torre con facilità grande lo Stato o con fargli contro, o col non l'ubbidire; e il Principe non è a tempo ne' pericoli a pigliare l'autorità assoluta, perchè li cittadini, e sudditi, che sogliono avere li comandamenti da' magistrati, non sono in quelli frangenti per ubbidire a' suoi, e arà sempre ne' tempi dubbi

whom he can trust. For such a prince cannot rely upon what he observes in quiet times, when citizens have need of the state, because then every one agrees with him; they all promise, and when death is far distant they all wish to die for him; but in troubled times, when the state has need of its citizens, then he finds but few. And so much the more is this experiment dangerous, inasmuch as it can only be tried once. Therefore a wise prince ought to adopt such a course that his citizens will always in every sort and kind of circumstance have need of the state and of him, and then he will always find them faithful.

penuria di chi si possa fidare. Perchè simil Principe non può fondarsi sopra quello che vede ne' tempi quieti, quando i cittadini hanno bisogno dello Stato; perchè allora ognuno corre, ognuno promette, e ciascuno vuole morire per lui quando la morte è discosto; ma ne' tempi avversi, quando lo Stato ha bisogno de' cittadini, allora se ne trova pochi. E tanto più è questa esperienza pericolosa, quanto la non si può fare se non una volta. Però uno Principe savio deve pensare un modo, per il quale li suoi cittadini sempre, ed in ogni modo e qualità di tempo, abbino bisogno dello Stato di lui, e sempre poi gli saranno fedeli.

Chapter X

Concerning the way in which the strength of all Principalities ought to be measured

It is necessary to consider another point in examining the character of these principalities: that is, whether a prince has such power that, in case of need, he can support himself with his own resources, or whether he has always need of the assistance of others. And to make this quite clear I say that I consider those who are able to support themselves by their own resources who can, either by abundance of men or money, raise a sufficient army to join battle against any one who comes to attack them; and I consider those always to have need of others who cannot show themselves against the enemy in the field, but are forced to defend themselves by sheltering behind walls. The first case has been discussed, but we will speak of it again should it recur. In the second case one can say nothing except to encourage such princes to provision and fortify their towns, and not on any account to defend the country. And whoever shall fortify his town well, and shall have managed the other concerns of his subjects in the way stated above, and to be often repeated, will never be attacked without great caution, for men are always adverse to enterprises where difficulties can be seen, and it will be seen not to be an easy thing to attack one who has his town well fortified, and is not hated by his people.

The cities of Germany are absolutely free, they own but little country around them, and they yield obedience to the emperor when it suits them, nor do they fear this or any other power they may have near them, because they are fortified in such a way that every one thinks the taking of them by assault would be tedious and difficult, seeing they have proper ditches and walls, they have sufficient artillery, and they always keep in public depots enough for one year's eating, drinking, and firing. And beyond this, to keep the people quiet and without loss to the state, they always have the means of giving work to the community in those labours that are the life and strength of the city, and on the pursuit of which the people are supported; they also hold military exercises in repute, and moreover have many ordinances to uphold them.

Therefore, a prince who has a strong city, and had not made himself odious, will not be attacked, or if any one should attack he will only be driven off with disgrace; again, because that the affairs of this world are so changeable, it is almost impossible to keep an army a whole year in the field without being interfered with. And whoever should reply: If the people have property outside the city, and see it burnt, they will not remain patient, and the long siege and self- interest will make them forget their prince; to this I answer that a powerful and courageous prince will overcome all such difficulties by giving at one time hope to his

Capitolo X

In che modo le forze di tutti i Principati si debbino misurare.

Conviene avere, nell'esaminare le qualità di questi Principati, un'altra considerazione; cioè se un Principe ha tanto Stato, che possa, bisognando, per sè medesimo reggersi, ovvero se ha sempre necessità della defensione d'altri. E, per chiarire meglio questa parte, dico, come io giudico potersi coloro reggere per sè medesimi, che possono o per abbondanzia d'uomini, o di danari, mettere insieme un esercito giusto, e fare una giornata con qualunque li viene ad assaltare; e così giudico coloro aver sempre necessità d'altri, che non possono comparire contro gli inimici in campagna, ma sono necessitati rifuggirsi dentro alle mura, e guardare quelle. Nel primo caso si è discorso; e per l'avvenire diremo quello che ne occorre. Nel secondo caso non si può dire altro, salvo che confortare tali Principi a munire e fortificare la terra propria, e del paese non tenere alcun conto. E qualunque arà bene fortificata la sua terra, e circa gli altri governi con i sudditi si sia maneggiato, come di sopra è detto, e di sotto si dirà, sarà sempre assaltato con gran rispetto; perchè gli uomini sono sempre nimici delle imprese, dove si vegga difficultà; nè si può vedere facilità assaltando uno che abbia la sua terra gagliarda, e non sia odiato dal popolo.

Le città d'Alemagna sono liberissime, hanno poco contado, ed ubbidiscono all'Imperadore quando le vogliono, e non temono nè questo, nè altro potente che l'abbino intorno, perchè le sono in modo fortificate, che ciascuno pensa la espugnazione di esse dovere essere tediosa e difficile, perchè tutte hanno fossi e mura convenienti, hanno artiglieria a sufficienza, e tengono sempre nelle canove pubbliche da mangiare e da bere, e da ardere per un anno. Ed oltre a questo, per potere tenere la plebe pasciuta, e senza perdita del pubblico, hanno sempre in comune per un anno da poter dar loro da lavorare in quelli esercizi che siano il nervo e la vita di quella città, e dell'industria de' quali la plebe si pasca; tengono ancora gli esercizi militari in riputazione, e sopra questo hanno molti ordini a mantenerli. ℂ Un Principe adunque che abbia una città forte, e non si facci odiare, non può essere assaltato; e se pur fusse chi lo assaltasse, se ne partirebbe con vergogna; perchè le cose del mondo sono sì varie, che egli è quasi impossibile che uno possa con gli eserciti stare un anno ozioso, e campeggiarlo. E chi replicasse, se il popolo arà le sue possessioni fuora, e veggale ardere, non arà pazienza; e il lungo assedio e la carità propria gli farà dimenticare il Principe; rispondo che un Principe potente ed animoso supererà sempre quelle difficultà, dando ora speranza a' sudditi

subjects that the evil will not be for long, at another time fear of the cruelty of the enemy, then preserving himself adroitly from those subjects who seem to him to be too bold.

Further, the enemy would naturally on his arrival at once burn and ruin the country at the time when the spirits of the people are still hot and ready for the defence; and, therefore, so much the less ought the prince to hesitate; because after a time, when spirits have cooled, the damage is already done, the ills are incurred, and there is no longer any remedy; and therefore they are so much the more ready to unite with their prince, he appearing to be under obligations to them now that their houses have been burnt and their possessions ruined in his defence. For it is the nature of men to be bound by the benefits they confer as much as by those they receive. Therefore, if everything is well considered, it will not be difficult for a wise prince to keep the minds of his citizens steadfast from first to last, when he does not fail to support and defend them.

che il male non sia lungo, ora timore della crudeltà del nimico, ora assicurandosi con destrezza di quelli che gli paressono troppo arditi.

Oltre a questo il nimico debbe ragionevolmente ardere e rovinare il paese loro in su la giunta sua, e ne' tempi quando gli animi degli uomini sono ancora caldi, e volenterosi alla difesa; e però tanto meno il Principe debbe dubitare, perchè dopo qualche giorno che gli animi sono raffredditi, sono di già fatti i danni, sono ricevuti i mali, e non vi è più rimedio; ed allora tanto più si vengono ad unire col loro Principe, parendo che esso abbia con loro obligo, essendo state loro arse le case, e rovinate le possessioni per la difesa sua. E la natura degli uomini è, così obligarsi per li beneficii che essi fanno, come per quelli che essi ricevono. Onde se si considera bene tutto, non fia difficile a un Principe prudente tenere prima e poi fermi gli animi de' suoi cittadini nella ossidione, quando non gli manchi da vivere, nè da difendersi.

Chapter XI

Concerning Ecclesiastical Principalities

It only remains now to speak of ecclesiastical principalities, touching which all difficulties are prior to getting possession, because they are acquired either by capacity or good fortune, and they can be held without either; for they are sustained by the ancient ordinances of religion, which are so all-powerful, and of such a character that the principalities may be held no matter how their princes behave and live. These princes alone have states and do not defend them; and they have subjects and do not rule them; and the states, although unguarded, are not taken from them, and the subjects, although not ruled, do not care, and they have neither the desire nor the ability to alienate themselves. Such principalities only are secure and happy. But being upheld by powers, to which the human mind cannot reach, I shall speak no more of them, because, being exalted and maintained by God, it would be the act of a presumptuous and rash man to discuss them.

Nevertheless, if any one should ask of me how comes it that the Church has attained such greatness in temporal power, seeing that from Alexander backwards the Italian potentates (not only those who have been called potentates, but every baron and lord, though the smallest) have valued the temporal power very slightly—yet now a king of France trembles before it, and it has been able to drive him from Italy, and to ruin the Venetians—although this may be very manifest, it does not appear to me superfluous to recall it in some measure to memory.

Before Charles, King of France, passed into Italy,[18] this country was under the dominion of the Pope, the Venetians, the King of Naples, the Duke of Milan, and the Florentines. These potentates had two principal anxieties: the one, that no foreigner should enter Italy under arms; the other, that none of themselves should seize more territory. Those about whom there was the most anxiety were the Pope and the Venetians. To restrain the Venetians the union of all the others was necessary, as it was for the defence of Ferrara; and to keep down the Pope they made use of the barons of Rome, who, being divided into two factions, Orsini and Colonnesi, had always a pretext for disorder, and, standing with arms in their hands under the eyes of the Pontiff, kept the pontificate weak and powerless. And although there might arise sometimes a courageous pope, such as Sixtus, yet neither fortune nor wisdom could rid him of these annoyances. And the short life of a pope is also a cause of weakness; for in the ten years, which is the average life of a pope, he can with difficulty lower one of the factions; and if, so to speak, one people should almost destroy

---

18 Charles VIII invaded Italy in 1494.

Capitolo XI

De' Principati Ecclesiastici.

Restaci solamente al presente a ragionare de' Principati Ecclesiastici, circa i quali tutte le difficultà sono avanti che si posseghino; perchè si acquistano o per virtù o per fortuna, e senza l'una e l'altra si mantengono; perchè sono sostentati dagli ordini anticati nella Religione, quali sono tutti potenti, e di qualità, che tengono i loro Principi in istato in qualunque modo si procedino e vivino. Costoro soli hanno Stati e non gli difendono, hanno sudditi e non gli governano; e gli Stati, per essere indifesi, non sono loro tolti; e li sudditi, per non essere governati, non se ne curano, nè pensano nè possono alienarsi da loro. Solo adunque questi Principati sono sicuri e felici. Ma essendo quelli retti da cagioni superiori, alle quali la mente umana non aggiugne, lascerò il parlarne, perchè essendo esaltati e mantenuti da Dio, sarebbe ufficio d'uomo presuntuoso e temerario il discorrerne. ⟨Nondimanco se alcuno mi ricerca donde viene che la Chiesa nel temporale sia venuta a tanta grandezza, conciossiachè da Alessandro indietro i potentati Italiani, e non solamente quelli che si chiamano potentati, ma ogni Barone e Signore, benchè minimo, quanto al temporale, la stimava poco; e ora un Re di Francia ne trema, e l'ha potuto cavare d'Italia, e rovinare i Viniziani; ancorachè ciò noto sia, non mi pare superfluo ridurlo in qualche parte alla memoria.

Avanti che Carlo Re di Francia passasse in Italia, era questa provincia sotto l'imperio del Papa, Viniziani, Re di Napoli, Duca di Milano, e Fiorentini. Questi Potentati avevano ad avere due cure principali: l'una, che un forestiero non entrasse in Italia con l'armi; l'altra, che nessuno di loro occupasse più stato. Quelli, a chi s'aveva più cura, erano il Papa e Viniziani. Ed a tenere addietro i Viniziani, bisognava l'unione di tutti gli altri, come fu nella difesa di Ferrara; e a tenere basso il Papa si servivano de' Baroni di Roma, li quali essendo divisi in due fazioni, Orsini e Colonnesi, sempre v'era cagione di scandoli tra loro, e stando con l'armi in mano in su gli occhi del Pontefice, tenevano il Pontificato debole ed infermo. E benchè surgesse qualche volta un Papa animoso, come fu Sisto; pure la fortuna o il sapere non lo potè mai disobbligare da queste incomodità. E la brevità della vita loro ne era cagione, perchè in dieci anni che ragguagliato viveva un Papa, a fatica che potesse abbassare l'una delle fazioni;

the Colonnesi, another would arise hostile to the Orsini, who would support their opponents, and yet would not have time to ruin the Orsini. This was the reason why the temporal powers of the pope were little esteemed in Italy.

Alexander the Sixth arose afterwards, who of all the pontiffs that have ever been showed how a pope with both money and arms was able to prevail; and through the instrumentality of the Duke Valentino, and by reason of the entry of the French, he brought about all those things which I have discussed above in the actions of the duke. And although his intention was not to aggrandize the Church, but the duke, nevertheless, what he did contributed to the greatness of the Church, which, after his death and the ruin of the duke, became the heir to all his labours.

Pope Julius came afterwards and found the Church strong, possessing all the Romagna, the barons of Rome reduced to impotence, and, through the chastisements of Alexander, the factions wiped out; he also found the way open to accumulate money in a manner such as had never been practised before Alexander's time. Such things Julius not only followed, but improved upon, and he intended to gain Bologna, to ruin the Venetians, and to drive the French out of Italy. All of these enterprises prospered with him, and so much the more to his credit, inasmuch as he did everything to strengthen the Church and not any private person. He kept also the Orsini and Colonnesi factions within the bounds in which he found them; and although there was among them some mind to make disturbance, nevertheless he held two things firm: the one, the greatness of the Church, with which he terrified them; and the other, not allowing them to have their own cardinals, who caused the disorders among them. For whenever these factions have their cardinals they do not remain quiet for long, because cardinals foster the factions in Rome and out of it, and the barons are compelled to support them, and thus from the ambitions of prelates arise disorders and tumults among the barons. For these reasons his Holiness Pope Leo[19] found the pontificate most powerful, and it is to be hoped that, if others made it great in arms, he will make it still greater and more venerated by his goodness and infinite other virtues.

---

19   Pope Leo X was the Cardinal de' Medici.

e, se per modo di parlare, l'uno aveva quasi spenti i Colonnesi, surgeva un altro nimico agli Orsini, che gli faceva risurgere, e non era a tempo a spegnerli. Questo faceva che le forze temporali del Papa erano poco stimate in Italia. ⁅Surse dipoi Alessandro VI, il quale di tutti li Pontefici che sono stati mai, mostrò quanto un Papa e con il danaio, e con le forze si poteva prevalere; e fece con l'istrumento del Duca Valentino, e con la occasione della passata de' Francesi tutte quelle cose, che io ho discorso di sopra nelle azioni del Duca. E benchè l'intento suo non fusse di far grande la Chiesa, ma il Duca; nondimeno ciò che fece, tornò a grandezza della Chiesa, la quale dopo la sua morte, spento il Duca, fu erede delle fatiche sue.

Venne dipoi Papa Iulio, e trovò la Chiesa grande, avendo tutta la Romagna, ed essendo spenti tutti li Baroni di Roma, e per le battiture d'Alessandro annullate quelle fazioni; e trovò ancora la via aperta al modo dell'accumulare danari, non mai più usitato da Alessandro indietro. Le quali cose Iulio non solamente seguitò, ma accrebbe, e pensò guadagnarsi Bologna, e spegnere i Viniziani, e cacciare i Francesi d'Italia; e tutte queste imprese gli riuscirono, e con tanta più sua laude, quanto fece ogni cosa per accrescere la Chiesa, e non alcun privato. Mantenne ancora le parti Orsine e Colonnesi in quelli termini che le trovò; e benchè tra loro fusse qualche capo da fare alterazione, nientedimeno due cose gli ha tenuti fermi: l'una, la grandezza della Chiesa che gli sbigottisce; l'altra, il non avere loro Cardinali, quali sono origine di tumulti tra loro; nè mai staranno quiete queste parti qualunque volta abbino Cardinali, perchè questi nutriscono in Roma e fuori le parti, e quelli Baroni sono forzati a difenderle; e così dall'ambizione de' Prelati nascono le discordie e tumulti tra' Baroni. Ha trovato adunque la Santità di Papa Leone questo Pontificato potentissimo, del quale si spera che se quelli lo fecero grande con l'armi, esso con la bontà ed infinite altre sue virtù lo farà grandissimo e venerando.

Chapter XII

How many kinds of soldiery there are, and concerning mercenaries

Having discoursed particularly on the characteristics of such principalities as in the beginning I proposed to discuss, and having considered in some degree the causes of their being good or bad, and having shown the methods by which many have sought to acquire them and to hold them, it now remains for me to discuss generally the means of offence and defence which belong to each of them.

We have seen above how necessary it is for a prince to have his foundations well laid, otherwise it follows of necessity he will go to ruin. The chief foundations of all states, new as well as old or composite, are good laws and good arms; and as there cannot be good laws where the state is not well armed, it follows that where they are well armed they have good laws. I shall leave the laws out of the discussion and shall speak of the arms.

I say, therefore, that the arms with which a prince defends his state are either his own, or they are mercenaries, auxiliaries, or mixed. Mercenaries and auxiliaries are useless and dangerous; and if one holds his state based on these arms, he will stand neither firm nor safe; for they are disunited, ambitious, and without discipline, unfaithful, valiant before friends, cowardly before enemies; they have neither the fear of God nor fidelity to men, and destruction is deferred only so long as the attack is; for in peace one is robbed by them, and in war by the enemy. ❲The fact is, they have no other attraction or reason for keeping the field than a trifle of stipend, which is not sufficient to make them willing to die for you. They are ready enough to be your soldiers whilst you do not make war, but if war comes they take themselves off or run from the foe; which I should have little trouble to prove, for the ruin of Italy has been caused by nothing else than by resting all her hopes for many years on mercenaries, and although they formerly made some display and appeared valiant amongst themselves, yet when the foreigners came they showed what they were. Thus it was that Charles, King of France, was allowed to seize Italy with chalk in hand;[20] and he who told us that our sins were the cause of it told the truth, but they were not the sins he imagined, but those which I have related. And as they were the sins of princes, it is the princes who have also suffered the penalty.

---

20 "With chalk in hand," "col gesso." This is one of the bons mots of Alexander VI, and refers to the ease with which Charles VIII seized Italy, implying that it was only necessary for him to send his quartermasters to chalk up the billets for his soldiers to conquer the country. cf. *The History of Henry VII*, by Lord Bacon: "King Charles had conquered the realm of Naples, and lost it again, in a kind of a felicity of a dream. He passed the whole length of Italy without resistance: so that it was true what Pope Alexander was wont to say: That the Frenchmen came into Italy with chalk in their hands, to mark up their lodgings, rather than with swords to fight."

Capitolo XII

Quante siano le spezie della milizia, e de' soldati mercenari.

Avendo discorso particolarmente tutte le qualità di quelli Principati, de' quali nel principio proposi di ragionare, e considerato in qualche parte le cagioni del bene e del male essere loro, e mostro i modi con li quali molti hanno cerco d'acquistargli e tenergli; mi resta ora a discorrere generalmente le offese e difese, che in ciascuno dei prenominati possono accadere. ☾Noi abbiamo detto di sopra come ad un Principe è necessario avere li suoi fondamenti buoni; altrimente di necessità conviene che rovini. I principali fondamenti che abbino tutti gli Stati, così nuovi come vecchi o misti, sono le buone leggi e le buone armi; e perchè non possono essere buone leggi dove non sono buone armi, e, dove sono buone armi conviene che siano buone leggi; io lascerò indietro il ragionare delle leggi, e parlerò dell'armi. ☾Dico adunque, che l'armi, con le quali un Principe difende il suo Stato, o le sono proprie, o le sono mercenarie, o ausiliarie, o miste. Le mercenarie ed ausiliari sono inutili e pericolose; e se uno tiene lo Stato suo fondato in su l'armi mercenarie, non starà mai fermo nè sicuro, perchè le sono disunite, ambiziose, e senza disciplina, infedeli, gagliarde tra gli amici, tra li nimici vili, non hanno timore di Dio, non fede con gli uomini, e tanto si differisce la rovina, quanto si differisce l'assalto; e nella pace siei spogliato da loro, nella guerra da' nimici.

La cagione di questo è, che non hanno altro amore, nè altra cagione che le tenga in campo, che un poco di stipendio, il quale non è sufficiente a fare che e' vogliono morire per te. Vogliono bene essere tuoi soldati mentre che tu non fai guerra; ma come la guerra viene, o fuggirsi o andarsene. La qual cosa dovrei durar poca fatica a persuadere, perchè la rovina d'Italia non è ora causata da altra cosa, che per essere in spazio di molti anni riposatisi in sull'armi mercenarie, le quali feciono già per qualcuno qualche progresso, e parevano gagliarde tra loro; ma come venne il forestiero, elle mostrarono quello che l'erano. Onde è che a Carlo Re di Francia fu lecito pigliare Italia col gesto; e chi diceva che ne erano cagione i peccati nostri, diceva il vero; ma non erano già quelli che credeva, ma questi ch'io ho narrato. E perchè gli erano peccati di Principi, ne hanno patita la pena ancora loro.

I wish to demonstrate further the infelicity of these arms. ⁅The mercenary captains are either capable men or they are not; if they are, you cannot trust them, because they always aspire to their own greatness, either by oppressing you, who are their master, or others contrary to your intentions; but if the captain is not skilful, you are ruined in the usual way.

And if it be urged that whoever is armed will act in the same way, whether mercenary or not, I reply that when arms have to be resorted to, either by a prince or a republic, then the prince ought to go in person and perform the duty of a captain; the republic has to send its citizens, and when one is sent who does not turn out satisfactorily, it ought to recall him, and when one is worthy, to hold him by the laws so that he does not leave the command. And experience has shown princes and republics, single-handed, making the greatest progress, and mercenaries doing nothing except damage; and it is more difficult to bring a republic, armed with its own arms, under the sway of one of its citizens than it is to bring one armed with foreign arms. Rome and Sparta stood for many ages armed and free. The Switzers are completely armed and quite free.

Of ancient mercenaries, for example, there are the Carthaginians, who were oppressed by their mercenary soldiers after the first war with the Romans, although the Carthaginians had their own citizens for captains. After the death of Epaminondas, Philip of Macedon was made captain of their soldiers by the Thebans, and after victory he took away their liberty.

Duke Filippo being dead, the Milanese enlisted Francesco Sforza against the Venetians, and he, having overcome the enemy at Caravaggio,[21] allied himself with them to crush the Milanese, his masters. His father, Sforza, having been engaged by Queen Johanna[22] of Naples, left her unprotected, so that she was forced to throw herself into the arms of the King of Aragon, in order to save her kingdom. And if the Venetians and Florentines formerly extended their dominions by these arms, and yet their captains did not make themselves princes, but have defended them, I reply that the Florentines in this case have been favoured by chance, for of the able captains, of whom they might have stood in fear, some have not conquered, some have been opposed, and others have turned their ambitions elsewhere. One who did not conquer was Giovanni Acuto,[23] and since he did not conquer his fidelity cannot be proved; but every one will acknowledge that, had he conquered, the Florentines would have stood at his discretion. Sforza had the Bracceschi always against him, so they watched each other. Francesco turned his ambition to Lombardy; Braccio against the Church and the kingdom of Naples. But let us come to that which happened a short while ago. ⁅The Florentines appointed as their captain Pagolo Vitelli, a most prudent man, who from a private position had risen to the greatest renown. If this man had taken Pisa, nobody can deny that it would have been proper for the Florentines to keep in with him, for if he became the soldier of their enemies they had no means of resisting, and if they held to him they must obey him. The Venetians, if their achievements are considered, will be seen to have acted safely and gloriously so long as they sent to war their own men, when with armed

21 Battle of Caravaggio, 15th September 1448.
22 Johanna II of Naples, the widow of Ladislao, King of Naples.
23 Giovanni Acuto. An English knight whose name was Sir John Hawkwood. He fought in the English wars in France, and was knighted by Edward III; afterwards he collected a body of troops and went into Italy. These became the famous "White Company." He took part in many wars, and died in Florence in 1394. He was born about 1320 at Sible Hedingham, a village in Essex. He married Domnia, a daughter of Bernabo Visconti.

℄ Io voglio dimostrare meglio la infelicità di queste armi.

I capitani mercenari o sono uomini eccellenti, o no; se sono, non te ne puoi fidare, perchè sempre aspirano alla grandezza propria o con l'opprimere te, che li siei padrone, o con l'opprimere altri fuora della tua intenzione; ma se non è il capitano virtuoso, ti rovina per l'ordinario. ℄ E se si risponde, che qualunque arà l'arme in mano, farà questo medesimo, o mercenario o no; replicherei, come l'armi hanno ad essere adoperate o da un Principe, o da una Repubblica; il Principe deve andare in persona, e fare lui l'ufficio del capitano; la Repubblica ha da mandare i suoi cittadini; e quando ne manda uno che non riesca valente, debbe cambiarlo; e quando sia, tenerlo con le leggi che non passi il segno. E per esperienza si vede i Principi soli, e le Repubbliche armate fare progressi grandissimi, e l'armi mercenarie non fare mai se non danno; e con più difficoltà viene all'ubbidienza di un suo cittadino una Repubblica armata di armi proprie, che un'armata d'armi forestiere. Sterono Roma e Sparta molti secoli armate e libere. I Svizzeri sono armatissimi e liberissimi. ℄ Dell'armi mercenarie antiche, per esempio, ci sono li Cartaginesi, li quali furono per essere oppressi da loro soldati mercenari, finita la prima guerra co' Romani, ancorachè i Cartaginesi avessero per capitani propri cittadini. Filippo Macedone fu fatto da' Tebani, dopo la morte di Epaminonda, capitano della loro gente, e tolse loro, dopo la vittoria, la libertà. ℄ I Milanesi, morto il Duca Filippo, soldarono Francesco Sforza contro a' Veniziani; il quale, superati li nimici a Caravaggio, si congiunse con loro per opprimere i Milanesi suoi padroni. Sforza suo padre, essendo soldato della Regina Giovanna di Napoli, la lasciò in un tratto disarmata, onde ella, per non perdere il Regno, fu costretta gettarsi in grembo al Re d'Aragona. E se i Viniziani e Fiorentini hanno accresciuto per l'addietro lo imperio loro con queste armi, e li loro capitani non se ne sono però fatti Principi, ma gli hanno difesi; rispondo, che gli Fiorentini in questo caso sono stati favoriti dalla sorte; perchè de' capitani virtuosi, i quali potevano temere, alcuni non hanno vinto, alcuni hanno avuto opposizioni, altri hanno volto l'ambizion loro altrove. Quello che non vinse fu Giovanni Acuto, del quale, non vincendo, non si potea cognoscere la fede; ma ognuno confesserà, che, vincendo, stavano i Fiorentini a sua discrezione. Sforza ebbe sempre i Bracceschi contrari, che guardrono l'uno l'altro. Francesco volse l'ambizion sua in Lombardia. Braccio contro la Chiesa e il Regno di Napoli. Ma vegniamo a quello che è seguito poco tempo fa.

Feciono i Fiorentini Paolo Vitelli loro capitano, uomo prudentissimo, e che di privata fortuna aveva presa riputazione grandissima. Se costui espugnava Pisa, veruno fia che nieghi come e' conveniva a' Fiorentini stare seco; perchè, se fusse diventato soldato de' loro nemici, non avevano rimedio, e tenendolo, aveano ad ubbidirlo. I Viniziani, se si considera i progressi loro, si vedrà quelli sicuramente e gloriosamente avere operato, mentrechè feciono guerra loro propri, che fu avanti che si volgessino con l'imprese in terra, dove con li gentiluomini e

gentlemen and plebians they did valiantly. This was before they turned to enterprises on land, but when they began to fight on land they forsook this virtue and followed the custom of Italy. And in the beginning of their expansion on land, through not having much territory, and because of their great reputation, they had not much to fear from their captains; but when they expanded, as under Carmignuola,[24] they had a taste of this mistake; for, having found him a most valiant man (they beat the Duke of Milan under his leadership), and, on the other hand, knowing how lukewarm he was in the war, they feared they would no longer conquer under him, and for this reason they were not willing, nor were they able, to let him go; and so, not to lose again that which they had acquired, they were compelled, in order to secure themselves, to murder him. ⟨They had afterwards for their captains Bartolomeo da Bergamo, Roberto da San Severino, the count of Pitigliano,[25] and the like, under whom they had to dread loss and not gain, as happened afterwards at Vaila,[26] where in one battle they lost that which in eight hundred years they had acquired with so much trouble. Because from such arms conquests come but slowly, long delayed and inconsiderable, but the losses sudden and portentous.

And as with these examples I have reached Italy, which has been ruled for many years by mercenaries, I wish to discuss them more seriously, in order that, having seen their rise and progress, one may be better prepared to counteract them. You must understand that the empire has recently come to be repudiated in Italy, that the Pope has acquired more temporal power, and that Italy has been divided up into more states, for the reason that many of the great cities took up arms against their nobles, who, formerly favoured by the emperor, were oppressing them, whilst the Church was favouring them so as to gain authority in temporal power: in many others their citizens became princes. From this it came to pass that Italy fell partly into the hands of the Church and of republics, and, the Church consisting of priests and the republic of citizens unaccustomed to arms, both commenced to enlist foreigners.

The first who gave renown to this soldiery was Alberigo da Conio,[27] the Romagnian. From the school of this man sprang, among others, Braccio and Sforza, who in their time were the arbiters of Italy. ⟨After these came all the other captains who till now have direc-ted the arms of Italy; and the end of all their valour has been, that she has been overrun by Charles, robbed by Louis, ravaged by Ferdinand, and insulted by the Switzers. The prin-ciple that has guided them has been, first, to lower the credit of infantry so that they might increase their own. They did this because, subsisting on their pay and without territory, they were unable to support many soldiers, and a few infantry did not give them any authority; so they were led to employ cavalry, with a moderate force of which they were maintained and honoured; and affairs were brought to such a pass that, in an army of twenty thousand sol-diers, there were not to be found two thousand foot soldiers. They had, besides this, used every art to lessen fatigue and danger to themselves and their soldiers, not killing in the fray, but taking prisoners and liberating without ransom. They did not attack towns at night, nor

24 Carmignuola. Francesco Bussone, born at Carmagnola about 1390, executed at Venice, 5th May 1432.
25 Bartolomeo Colleoni of Bergamo; died 1457. Roberto of San Severino; died fighting for Venice against Sigismund, Duke of Austria, in 1487. "Primo capitano in Italia."—Machiavelli. Count of Pitigliano; Nicolo Orsini, born 1442, died 1510.
26 Battle of Vaila in 1509.
27 Alberigo da Conio. Alberico da Barbiano, Count of Cunio in Romagna. He was the leader of the famous "Company of St George," composed entirely of Italian soldiers. He died in 1409.

con la plebe armata operarono virtuosamente; ma come cominciarono a combattere in terra, lasciarono questa virtù, e seguitarono i costumi d'Italia. E nel principio dell'augumento loro in terra, per non avere molto stato, e per essere in gran riputazione, non avevano da temere molto de' loro capitani; ma come essi ampliarono, che fu sotto il Carmignuola, ebbono un saggio di questo errore; perchè, vedutolo virtuosissimo, battuto che ebbero sotto il suo governo il Duca di Milano, e cognoscendo dall'altra parte, come egli era freddo nella guerra, giudicarono non potere più vincere con lui, perchè non volevano, nè poteano licenziarlo, per non perdere ciò che avevano acquistato, ondechè furono necessitati, per assicurarsi, di ammazzarlo.

Hanno dipoi avuto per loro capitani Bartolommeo da Bergamo, Ruberto da S. Severino, il Conte di Pitigliano, e simili, con li quali avevano da temere della perdita, non del guadagno loro; come intervenne dipoi a Vailà, dove in una giornata perderono quello che in ottocento anni con tante fatiche avevano acquistato; perchè da queste armi nascono solo i lenti, tardi e deboli acquisti, e le subite e miracolose perdite. ⦅E perchè io sono venuto con questi esempi in Italia, la quale è stata governata già molti anni dall'armi mercenarie, le voglio discorrere più da alto; acciocchè veduta l'origine e progressi di esse, si possano meglio correggere. Avete da intendere come, tostochè in questi ultimi tempi, l'Imperio cominciò ad essere ributtato d'Italia, e che il Papa nel temporale vi prese più riputazione, si divise l'Italia in più Stati; perchè molte delle città grosse presono l'armi contro i loro nobili, li quali prima, favoriti dall'Imperadore, le tenevano oppresse, e la Chiesa le favoriva per darsi riputazione nel temporale; di molte altre i loro cittadini ne diventarono Principi. Ondechè, essendo venuta l'Italia quasi in mano della Chiesa, e di qualche Repubblica; ed essendo quelli Preti e quelli altri cittadini usi a non cognoscere l'armi, incominciarono a soldare forestieri. ⦅Il primo che dette riputazione a questa milizia, fu Alberigo da Como Romagnuolo. Dalla disciplina di costui discese, tra gli altri, Braccio e Sforza, che ne' loro tempi furono arbitri d'Italia.

Dopo questi vennero tutti gli altri, che fino a' nostri tempi hanno governato l'armi d'Italia; ed il fine delle lor virtù è stato, che quella è stata corsa da Carlo, predata da Luigi, forzata da Ferrando, e vituperata da' Svizzeri. L'ordine che loro hanno tenuto, è stato, prima per dare riputazione a loro propri, aver tolto riputazione alle fanterie. Fecioro questo, perchè essendo senza Stato, e in su la industria, i pochi fanti non davano loro riputazione, e li assai non potevano nutrire; e però si ridussero a' cavalli, dove con numero sopportabile erano nutriti e onorati; ed erano le cose ridotte in termine, che in un esercito di ventimila soldati non si trovavano duemila fanti. Avevano, oltre a questo, usato ogni industria per levar via a sè, e a' soldati la fatica e la paura, non s'ammazzando nelle zuffe, ma pigliandosi prigioni e senza taglia. Non traevano di notte alle terre, quelli delle terre non traevano di notte alle tende, non

did the garrisons of the towns attack encampments at night; they did not surround the camp either with stockade or ditch, nor did they campaign in the winter. All these things were permitted by their military rules, and devised by them to avoid, as I have said, both fatigue and dangers; thus they have brought Italy to slavery and contempt.

facevano intorno al campo nè steccato nè fossa, non campeggiavano il verno. E tutte queste cose erano permesse ne' loro ordini militari, e trovate da loro per fuggire, come è detto, e la fatica ed i pericoli; tantochè essi hanno condotta Italia schiava e vituperata.

Chapter XIII

Concerning auxilaries, mixed soldiery and one's own

Auxiliaries, which are the other useless arm, are employed when a prince is called in with his forces to aid and defend, as was done by Pope Julius in the most recent times; for he, having, in the enterprise against Ferrara, had poor proof of his mercenaries, turned to auxiliaries, and stipulated with Ferdinand, King of Spain,[28] for his assistance with men and arms. These arms may be useful and good in themselves, but for him who calls them in they are always disadvantageous; for losing, one is undone, and winning, one is their captive.

And although ancient histories may be full of examples, I do not wish to leave this recent one of Pope Julius the Second, the peril of which cannot fail to be perceived; for he, wishing to get Ferrara, threw himself entirely into the hands of the foreigner. But his good fortune brought about a third event, so that he did not reap the fruit of his rash choice; because, having his auxiliaries routed at Ravenna, and the Switzers having risen and driven out the conquerors (against all expectation, both his and others), it so came to pass that he did not become prisoner to his enemies, they having fled, nor to his auxiliaries, he having conquered by other arms than theirs.

The Florentines, being entirely without arms, sent ten thousand Frenchmen to take Pisa, whereby they ran more danger than at any other time of their troubles.

The Emperor of Constantinople,[29] to oppose his neighbours, sent ten thousand Turks into Greece, who, on the war being finished, were not willing to quit; this was the beginning of the servitude of Greece to the infidels.

Therefore, let him who has no desire to conquer make use of these arms, for they are much more hazardous than mercenaries, because with them the ruin is ready made; they are all united, all yield obedience to others; but with mercenaries, when they have conquered, more time and better opportunities are needed to injure you; they are not all of one community, they are found and paid by you, and a third party, which you have made their head, is not able all at once to assume enough authority to injure you. In conclusion, in mercenaries dastardy is most dangerous; in auxiliaries, valour. The wise prince, therefore, has always avoided these arms and turned to his own; and has been willing rather to lose with them than to conquer with the others, not deeming that a real victory which is gained with the arms of others.

---

28 Ferdinand V (F. II of Aragon and Sicily, F. III of Naples), surnamed "The Catholic," born 1542, died 1516.
29 Joannes Cantacuzenus, born 1300, died 1383.

Capitolo XIII

De' soldati ausiliari, misti, e propri.

L'armi ausiliarie, che sono le altre armi inutili, sono quando si chiama un potente, che con l'armi sue ti venga ad aiutare e difendere, come fece ne' prossimi tempi Papa Iulio, il quale avendo visto nell' impresa di Ferrara la trista prova delle sue armi mercenarie, si volse alle ausiliari, e convenne con Ferrando Re di Spagna, che con le sue genti ed eserciti dovesse aiutarlo. Queste armi possono essere utili e buone per loro medesime, ma sono per chi le chiama sempre dannose; perchè perdendo rimani disfatto, vincendo resti loro prigione. ⊄E ancora che di questi esempi ne sieno piene l'antiche istorie; nondimanco io non mi voglio partire da questo esempio di Papa Iulio II, quale è ancora fresco, il partito del quale non potè essere manco considerato, per volere Ferrara, mettendosi tutto nelle mani d'uno forestiere. Ma la sua buona fortuna fece nascere una terza causa, acciò non cogliesse il frutto della sua mala elezione; perchè, essendo gli ausiliari suoi rotti a Ravenna, e surgendo gli Svizzeri che cacciarono i vincitori fuora d'ogni opinione e sua, e d'altri, venne a non rimanere prigione degli inimici, essendo fugati, nè degli ausiliari suoi, avendo vinto con altre armi, che con le loro.

I Fiorentini essendo al tutto disarmati condussero diecimila Francesi a Pisa per espugnarla; per il qual partito portarono più pericolo che in qualunque tempo de' travagli loro. ⊄Lo Imperadore di Costantinopoli, per opporsi alli suoi vicini, mise in Grecia diecimila Turchi, li quali, finita la guerra, non se ne volsero partire; il che fu principio della servitù della Grecia con gl'infedeli. ⊄Colui adunque che vuole non poter vincere, si vaglia di queste armi, perchè sono molto più pericolose, che le mercenarie; perchè in queste è la rovina fatta, sono tutte unite, tutte volte all'obbedienza di altri; ma nelle mercenarie, ad offenderti, vinto che elle hanno, bisogna più tempo, e maggiore occasione, non essendo tutte un corpo, ed essendo trovate e pagate da te, nelle quali un terzo che tu facci capo, non può pigliare subito tanta autorità che ti offenda. Insomma nelle mercenarie è più pericolosa la ignavia, nelle ausiliarie la virtù. Un Principe pertanto savio sempre ha fuggito queste arme, e voltosi alle proprie, e ha voluto piuttosto perdere con le sue, che vincere con l'altrui, giudicando non vera vittoria quella che con l'armi d'altri si acquistasse.

I shall never hesitate to cite Cesare Borgia and his actions. ❡ This duke entered the Romagna with auxiliaries, taking there only French soldiers, and with them he captured Imola and Forlì; but afterwards, such forces not appearing to him reliable, he turned to mercenaries, discerning less danger in them, and enlisted the Orsini and Vitelli; whom presently, on handling and finding them doubtful, unfaithful, and dangerous, he destroyed and turned to his own men. And the difference between one and the other of these forces can easily be seen when one considers the difference there was in the reputation of the duke, when he had the French, when he had the Orsini and Vitelli, and when he relied on his own soldiers, on whose fidelity he could always count and found it ever increasing; he was never esteemed more highly than when every one saw that he was complete master of his own forces.

I was not intending to go beyond Italian and recent examples, but I am unwilling to leave out Hiero, the Syracusan, he being one of those I have named above. This man, as I have said, made head of the army by the Syracusans, soon found out that a mercenary soldiery, constituted like our Italian condottieri, was of no use; and it appearing to him that he could neither keep them not let them go, he had them all cut to pieces, and afterwards made war with his own forces and not with aliens.

I wish also to recall to memory an instance from the Old Testament applicable to this subject. ❡ David offered himself to Saul to fight with Goliath, the Philistine champion, and, to give him courage, Saul armed him with his own weapons; which David rejected as soon as he had them on his back, saying he could make no use of them, and that he wished to meet the enemy with his sling and his knife. In conclusion, the arms of others either fall from your back, or they weigh you down, or they bind you fast.

Charles the Seventh,[30] the father of King Louis the Eleventh,[31] having by good fortune and valour liberated France from the English, recognized the necessity of being armed with forces of his own, and he established in his kingdom ordinances concerning men-at-arms and infantry. Afterwards his son, King Louis, abolished the infantry and began to enlist the Switzers, which mistake, followed by others, is, as is now seen, a source of peril to that kingdom; because, having raised the reputation of the Switzers, he has entirely diminished the value of his own arms, for he has destroyed the infantry altogether; and his men-at-arms he has subordinated to others, for, being as they are so accustomed to fight along with Switzers, it does not appear that they can now conquer without them. ❡ Hence it arises that the French cannot stand against the Switzers, and without the Switzers they do not come off well against others. The armies of the French have thus become mixed, partly mercenary and partly national, both of which arms together are much better than mercenaries alone or auxiliaries alone, but much inferior to one's own forces. And this example proves it, for the kingdom of France would be unconquerable if the ordinance of Charles had been enlarged or maintained.

But the scanty wisdom of man, on entering into an affair which looks well at first, cannot discern the poison that is hidden in it, as I have said above of hectic fevers. Therefore, if he who rules a principality cannot recognize evils until they are upon him, he is not truly wise; and this insight is given to few. And if the first disaster to the Roman Empire[32] should

---

30 Charles VII of France, surnamed "The Victorious," born 1403, died 1461.
31 Louis XI, son of the above, born 1423, died 1483.
32 "Many speakers to the House the other night in the debate on the reduction of armaments seemed to show a

❡ Io non dubiterò mai di allegare Cesare Borgia, e le sue azioni.

Questo Duca entrò in Romagna con le armi ausiliarie, conducendovi tutte genti Francesi, e con quelle prese Imola e Furlì; ma, non li parendo poi tali arme sicure, si volse alle mercenarie, giudicando in quelle manco pericolo, e soldò gli Orsini e Vitelli; le quali poi nel maneggiare trovando dubbie, infedeli, e pericolose, le spense e volsesi alle proprie. E puossi facilmente vedere che differenza sia tra l'una e l'altra di queste armi, considerato che differenza fu dalla riputazione del Duca quando aveva gli Orsini e Vitelli, e quando rimase con gli soldati suoi, e sopra di sè stesso, e si troverà sempre accresciuta; nè mai fu stimato assai, se non quando ciascuno vide che egli era intero possessore delle sue armi. ❡ Io non mi volevo partire dagli esempi Italiani e freschi: pure non voglio lasciare indietro Ierone Siracusano, essendo uno de' sopra nominati da me. Costui, come di già dissi, fatto dalli Siracusani capo degli eserciti, cognobbe subito quella milizia mercenaria non essere utile, per essere conduttori fatti come li nostri Italiani, e parendoli non gli potere tenere nè lasciare, gli fece tutti tagliare a pezzi; dipoi fece guerra con l'armi sue, e non con l'altrui. ❡ Voglio ancora ridurre a memoria una figura del Testamento Vecchio fatta a questo proposito.

Offerendosi David a Saul di andare a combattere con Golia provocatore Filisteo, Saul, per dargli animo, l'armò dell'armi sue, le quali come David ebbe indosso, ricusò, dicendo, con quelle non si potere ben valere di sè stesso; e però voleva trovare il nimico con la sua fromba, e con il suo coltello. In somma l'armi d'altri o le ti cascono di dosso, o elle ti pesano, e le ti stringono. ❡ Carlo VII padre del Re Luigi XI avendo con la sua fortuna e virtù libera la Francia dagl'Inglesi, cognobbe questa necessità di armarsi d'armi proprie, e ordinò nel suo regno l'ordinanza delle genti di arme e delle fanterie. Dipoi il Re Luigi suo figliuolo spense quella de' fanti, e cominciò a soldare Svizzeri; il quale errore seguitato dagli altri, è, come si vede ora in fatto, cagione de' pericoli di quel Regno. Perchè, avendo dato riputazione a' Svizzeri, ha invilito tutte l'armi sue, perchè le fanterie ha spento in tutto, e le sue genti d'arme ha obbligate all'arme d'altri, perchè essendo assuefatti a militare con Svizzeri, non pare loro di poter vincere senza essi.

Di qui nasce, che gli Francesi contro a' Svizzeri non bastano, e senza i Svizzeri contro ad altri non provano. Sono adunque stati gli eserciti di Francia misti, parte mercenari, e parte propri; le quali armi e tutte insieme sono molto migliori, che le semplici mercenarie, o le semplici ausiliarie, e molto inferiori alle proprie. E basti l'esempio detto, perchè il Regno di Francia sarebbe insuperabile, se l'ordine di Carlo era accresciuto, o preservato. ❡ Ma la poca prudenza degli uomini comincia una cosa, che per sapere allora di buono non manifesta il veleno che v'è sotto, come io dissi di sopra delle febbri etiche. Pertanto se colui che è in un Principato, non cognosce i mali se non quando che nascono, non è veramente savio; e questo è dato a pochi. E se si considerasse la prima rovina dell'Imperio Romano, si troverà essere stato solo

be examined, it will be found to have commenced only with the enlisting of the Goths; because from that time the vigour of the Roman Empire began to decline, and all that valour which had raised it passed away to others.

I conclude, therefore, that no principality is secure without having its own forces; on the contrary, it is entirely dependent on good fortune, not having the valour which in adversity would defend it. And it has always been the opinion and judgment of wise men that nothing can be so uncertain or unstable as fame or power not founded on its own strength. And one's own forces are those which are composed either of subjects, citizens, or dependents; all others are mercenaries or auxiliaries. And the way to make ready one's own forces will be easily found if the rules suggested by me shall be reflected upon, and if one will consider how Philip, the father of Alexander the Great, and many republics and princes have armed and organized themselves, to which rules I entirely commit myself.

---

most lamentable ignorance of the conditions under which the British Empire maintains its existence. When Mr Balfour replied to the allegations that the Roman Empire sank under the weight of its military obligations, he said that this was 'wholly unhistorical.' He might well have added that the Roman power was at its zenith when every citizen acknowledged his liability to fight for the State, but that it began to decline as soon as this obligation was no longer recognized." —Pall Mall Gazette, 15th May 1906.

il cominciare a soldare i Goti; perchè da quel principio cominciarono ad enervare le forze dell'Imperio Romano; e tutta quella virtù, che si levava da lui, si dava a loro. ⟪Conchiudo adunque, che, senza avere arme proprie, nessuno Principato è sicuro; anzi tutto obligato alla fortuna, non avendo virtù che nell'avversità lo difenda. E fu sempre opinione e sentenzia degli uomini savi, che niente sia così infermo ed instabile, come è la fama della potenza non fondata nelle forze proprie. E l'arme proprie sono quelle che sono composte di sudditi o di cittadini, o di creati tuoi; tutte l'altre sono o mercenarie, o ausiliari. E il modo ad ordinare l'arme proprie sarà facile a trovare, se si discorreranno gli ordini sopra nominati da me; e se si vedrà come Filippo, padre di Alessandro Magno, e come molte Repubbliche e Principi si sono armati ed ordinati; a' quali ordini io mi rimetto al tutto.

Chapter XIV

That which concerns a Prince on the subject of the art of war

A prince ought to have no other aim or thought, nor select anything else for his study, than war and its rules and discipline; for this is the sole art that belongs to him who rules, and it is of such force that it not only upholds those who are born princes, but it often enables men to rise from a private station to that rank. And, on the contrary, it is seen that when princes have thought more of ease than of arms they have lost their states. And the first cause of your losing it is to neglect this art; and what enables you to acquire a state is to be master of the art. Francesco Sforza, through being martial, from a private person became Duke of Milan; and the sons, through avoiding the hardships and troubles of arms, from dukes became private persons. For among other evils which being unarmed brings you, it causes you to be despised, and this is one of those ignominies against which a prince ought to guard himself, as is shown later on. Because there is nothing proportionate between the armed and the un-armed; and it is not reasonable that he who is armed should yield obedience willingly to him who is unarmed, or that the unarmed man should be secure among armed servants. Because, there being in the one disdain and in the other suspicion, it is not possible for them to work well together. And therefore a prince who does not understand the art of war, over and above the other misfortunes already mentioned, cannot be respected by his soldiers, nor can he rely on them. ❡He ought never, therefore, to have out of his thoughts this subject of war, and in peace he should addict himself more to its exercise than in war; this he can do in two ways, the one by action, the other by study.

As regards action, he ought above all things to keep his men well organized and drilled, to follow incessantly the chase, by which he accustoms his body to hardships, and learns something of the nature of localities, and gets to find out how the mountains rise, how the valleys open out, how the plains lie, and to understand the nature of rivers and marshes, and in all this to take the greatest care. Which knowledge is useful in two ways. Firstly, he learns to know his country, and is better able to undertake its defence; afterwards, by means of the knowledge and observation of that locality, he understands with ease any other which it may be necessary for him to study hereafter; because the hills, valleys, and plains, and rivers and marshes that are, for instance, in Tuscany, have a certain resemblance to those of other coun-tries, so that with a knowledge of the aspect of one country one can easily arrive at a know-ledge of others. And the prince that lacks this skill lacks the essential which it is desirable that a captain should possess, for it teaches him to surprise his enemy, to select quarters, to lead armies, to array the battle, to besiege towns to advantage.

Capitolo XIV

Quello che al Principe si appartenga circa la milizia.

Deve adunque un Principe non avere altro oggetto, nè altro pensiero, nè prendere cosa alcuna per sua arte, fuori della guerra, ed ordini e disciplina di essa; perchè quella è sola arte che si aspetta a chi comanda; ed è di tanta virtù, che non solo mantiene quelli che sono nati Principi, ma molte volte fa gli uomini di privata fortuna salire a quel grado. E per contrario si vede, che quando i Principi hanno pensato più alle delicatezze, che all'arme, hanno perso lo Stato loro. E la prima cagione che ti fa perdere quello, è il disprezzare questa arte; e la cagione che te lo fa acquistare, è l'essere professo di questa arte. Francesco Sforza, per essere armato, diventò di privato Duca di Milano; e li figliuoli, per fuggire le fatiche e i disagi dell'arme, di Duchi diventarono privati. Perchè tra le altre cagioni di male, che ti arreca l'essere disarmato, ti fa disprezzare; la quale è una di quelle infamie, dalle quali il Principe si debbe guardare, come di sotto si dirà. Perchè da uno armato a un disarmato non è proporzione alcuna; e la ragione non vuole che chi è armato ubbidisca volentieri a chi è disarmato, e che il disarmato stia sicuro tra i servitori armati. Perchè essendo nell'uno sdegno, e nell'altro sospetto, non è possibile operino bene insieme. E però un Principe che della milizia non s'intende, oltre all'altre infelicità, come è detto, non può essere stimato da' suoi soldati, nè fidarsi di loro.

Non debbe pertanto mai levare il pensiero da questo esercizio della guerra, e nella pace vi si deve più esercitare, che nella guerra; il che può fare in due modi, l'uno con l'opere, l'altro con la mente. ¶E quanto all'opere, deve, oltre al tener bene ordinati ed esercitati li suoi, star sempre in sulle caccie, e mediante quelle assuefare il corpo a' disagi, e parte imparare la natura de' siti, e cognoscere come sorgono i monti, come imboccano le valli, come giacciono i piani, ed intendere la natura de' fiumi e delle paludi; ed in questo porre grandissima cura. La qual cognizione è utile in duoi modi. Prima si impara a cognoscere il suo paese, e può meglio intendere le difese di esso. Dipoi, mediante la cognizione e pratica di quelli siti, con facilità comprende un altro sito, che di nuovo gli sia necessario speculare; perchè li poggi, le valli, e piani, e fiumi, e paludi che sono, verbigrazia, in Toscana, hanno con quelle dell'altre provincie certa similitudine; tale che dalla cognizione del sito di una provincia, si può facilmente venire alla cognizione dell'altre. E quel Principe che manca di questa perizia, manca della prima parte che vuole avere un capitano; perchè questa insegna trovar il nemico, pigliare gli alloggiamenti, condurre gli eserciti, ordinare le giornate, campeggiare le terre con tuo vantaggio.

Philopoemen,[33] Prince of the Achaeans, among other praises which writers have bestowed on him, is commended because in time of peace he never had anything in his mind but the rules of war; and when he was in the country with friends, he often stopped and reasoned with them: "If the enemy should be upon that hill, and we should find ourselves here with our army, with whom would be the advantage? How should one best advance to meet him, keeping the ranks? If we should wish to retreat, how ought we to pursue?" And he would set forth to them, as he went, all the chances that could befall an army; he would listen to their opinion and state his, confirming it with reasons, so that by these continual discussions there could never arise, in time of war, any unexpected circumstances that he could not deal with.

But to exercise the intellect the prince should read histories, and study there the actions of illustrious men, to see how they have borne themselves in war, to examine the causes of their victories and defeat, so as to avoid the latter and imitate the former; and above all do as an illustrious man did, who took as an exemplar one who had been praised and famous before him, and whose achievements and deeds he always kept in his mind, as it is said Alexander the Great imitated Achilles, Caesar Alexander, Scipio Cyrus. And whoever reads the life of Cyrus, written by Xenophon, will recognize afterwards in the life of Scipio how that imitation was his glory, and how in chastity, affability, humanity, and liberality Scipio conformed to those things which have been written of Cyrus by Xenophon. A wise prince ought to observe some such rules, and never in peaceful times stand idle, but increase his resources with industry in such a way that they may be available to him in adversity, so that if fortune chances it may find him prepared to resist her blows.

---

33 Philopoemen, "the last of the Greeks," born 252 B.C., died 183 B.C.

Filopemene Principe degli Achei, tralle altre laudi, che dagli scrittori gli son date, è che ne' tempi della pace non pensava mai se non a' modi della guerra, e quando era in campagna con gli amici spesso si fermava e ragionava con quelli: se gli nimici fussero in su quel colle, e noi ci trovassimo qui col nostro esercito, chi di noi arebbe vantaggio? Come sicuramente si potrebbe ire a trovargli, servando gli ordini? Se noi volessimo ritirarci, come aremmo a fare? Se loro si ritirassero, come aremmo a seguirgli? E proponeva loro, andando, tutti i casi che in uno esercito possono occorrere, intendeva l'opinion loro, diceva la sua, corroboravala con le ragioni; talchè per queste continue cogitazioni non poteva mai, guidando gli eserciti, nascere accidente alcuno, che egli non vi avesse il rimedio. ꟼMa, quanto all'esercizio della mente, deve il Principe leggere le istorie, ed in quelle considerare le azioni degli uomini eccellenti, vedere come si sono governati nelle guerre, esaminare le cagioni delle vittorie e perdite loro, per potere queste fuggire, quelle imitare; e sopra tutto fare come ha fatto per l'addietro qualche uomo eccellente, che ha preso ad imitare, se alcuno è stato innanzi a lui lodato e glorioso, e di quello che ha tenuto sempre i gesti ed azioni appresso di sè, come si dice che Alessandro Magno imitava Achille, Cesare Alessandro, Scipione Ciro. E qualunque legge la vita di Ciro scritta da Senofonte, riconosce dipoi nella vita di Scipione quanto quella imitazione gli fu di gloria, e quanto nella castità, affabilità, umanità, e liberalità Scipione si conformasse con quelle cose che di Ciro sono da Senofonte scritte. Questi simili modi deve osservare un Principe savio, nè mai ne' tempi pacifici stare ozioso, ma con industria farne capitale, per potersene valere nelle avversità, acciocchè quando si muta la fortuna, lo trovi parato a resistere alli suoi colpi.

Chapter XV

Concerning things for which men,
and especially Princes, are praised or blamed

It remains now to see what ought to be the rules of conduct for a prince towards subject and friends. And as I know that many have written on this point, I expect I shall be considered presumptuous in mentioning it again, especially as in discussing it I shall depart from the methods of other people. But, it being my intention to write a thing which shall be useful to him who apprehends it, it appears to me more appropriate to follow up the real truth of the matter than the imagination of it; for many have pictured republics and principalities which in fact have never been known or seen, because how one lives is so far distant from how one ought to live, that he who neglects what is done for what ought to be done, sooner effects his ruin than his preservation; for a man who wishes to act entirely up to his professions of virtue soon meets with what destroys him among so much that is evil.

Hence it is necessary for a prince wishing to hold his own to know how to do wrong, and to make use of it or not according to necessity. ❲ Therefore, putting on one side imaginary things concerning a prince, and discussing those which are real, I say that all men when they are spoken of, and chiefly princes for being more highly placed, are remarkable for some of those qualities which bring them either blame or praise; and thus it is that one is reputed liberal, another miserly, using a Tuscan term (because an avaricious person in our language is still he who desires to possess by robbery, whilst we call one miserly who deprives himself too much of the use of his own); one is reputed generous, one rapacious; one cruel, one compassionate; one faithless, another faithful; one effeminate and cowardly, another bold and brave; one affable, another haughty; one lascivious, another chaste; one sincere, another cunning; one hard, another easy; one grave, another frivolous; one religious, another unbelieving, and the like. And I know that every one will confess that it would be most praiseworthy in a prince to exhibit all the above qualities that are considered good; but because they can neither be entirely possessed nor observed, for human conditions do not permit it, it is necessary for him to be sufficiently prudent that he may know how to avoid the reproach of those vices which would lose him his state; and also to keep himself, if it be possible, from those which would not lose him it; but this not being possible, he may with less hesitation abandon himself to them. And again, he need not make himself uneasy at incurring a reproach for those vices without which the state can only be saved with difficulty, for if everything is considered carefully, it will be found that something which looks like virtue, if followed, would be his ruin; whilst something else, which looks like vice, yet followed brings him security and prosperity.

Capitolo XV

Delle cose, mediante le quali gli uomini,
e massimamente i Principi, sono lodati o vituperati.

Resta ora a vedere quali debbano essere i modi e governi di un Principe con li sudditi e con gli amici. E perchè io so che molti di questo hanno scritto, dubito, scrivendone ancor io, non esser tenuto presontuoso, partendomi, massime nel disputare questa materia, dagli ordini degli altri. Ma essendo l'intento mio scrivere cosa utile a chi l'intende, mi è parso più conveniente andare dietro alla [p. 59]verità effettuale della cosa, che all'immaginazione di essa: e molti si sono immaginate Repubbliche e Principati, che non si sono mai visti nè cognosciuti essere in vero; perchè egli è tanto discosto da come si vive, a come si doveria vivere, che colui che lascia quello che si fa per quello che si doveria fare, impara piuttosto la rovina, che la preservazione sua; perchè un uomo che voglia fare in tutte le parti professione di buono, conviene che rovini fra tanti che non sono buoni. ℂ Onde è necessario ad un Principe, volendosi mantenere, imparare a potere essere non buono, ed usarlo e non usarlo secondo la necessità.

Lasciando adunque indietro le cose circa un Principe immaginate, e discorrendo quelle che son vere, dico, che tutti gli uomini, quando se ne parla, e massime i Principi, per esser posti più alto, sono notati di alcuna di queste qualità che arrecano loro o biasimo, o laude; e questo è che alcuno è tenuto liberale, alcuno misero, usando un termine Toscano, (perchè avaro in nostra lingua è ancor colui che per rapina desidera d'avere, e misero chiamiamo quello che troppo si astiene dall'usare il suo) alcuno è tenuto donatore, alcuno rapace; alcuno crudele, alcuno pietoso; l'uno fedífrago, l'altro fedele; l'uno effeminato e pusillanime, l'altro feroce ed animoso; l'uno umano, l'altro superbo; l'uno lascivo, l'altro casto; l'uno intero, l'altro astuto; l'uno duro, l'altro facile; l'uno grave, l'altro leggiere; l'uno religioso, l'altro incredulo, e simili. Io so che ciascuno confesserà, che sarebbe laudabilissima cosa un Principe trovarsi di tutte le sopraddette qualità, quelle che sono tenute buone; ma perchè non si possono avere, nè interamente osservare [p. 60]per le condizioni umane che non lo consentono, gli è necessario essere tanto prudente, che sappia fuggire l'infamia di quelli vizi che li torrebbono lo Stato, e da quelli che non gliene tolgano, guardarsi, se egli è possibile; ma non potendosi, si può con minor rispetto lasciare andare. Ed ancora non si curi d'incorrere nell'infamia di quelli vizi, senza i quali possa difficilmente salvare lo Stato; perchè, se si considera bene tutto, si troverà qualche cosa che parrà virtù, e seguendola sarebbe la rovina sua; e qualcun'altra che parrà vizio, e seguendola ne risulta la sicurtà, ed il ben essere suo.

Chapter XVI

Concerning liberality and meanness

Commencing then with the first of the above-named characteristics, I say that it would be well to be reputed liberal. Nevertheless, liberality exercised in a way that does not bring you the reputation for it, injures you; for if one exercises it honestly and as it should be exercised, it may not become known, and you will not avoid the reproach of its opposite. Therefore, any one wishing to maintain among men the name of liberal is obliged to avoid no attribute of magnificence; so that a prince thus inclined will consume in such acts all his property, and will be compelled in the end, if he wish to maintain the name of liberal, to unduly weigh down his people, and tax them, and do everything he can to get money. This will soon make him odious to his subjects, and becoming poor he will be little valued by any one; thus, with his liberality, having offended many and rewarded few, he is affected by the very first trouble and imperilled by whatever may be the first danger; recognizing this himself, and wishing to draw back from it, he runs at once into the reproach of being miserly.

Therefore, a prince, not being able to exercise this virtue of liberality in such a way that it is recognized, except to his cost, if he is wise he ought not to fear the reputation of being mean, for in time he will come to be more considered than if liberal, seeing that with his economy his revenues are enough, that he can defend himself against all attacks, and is able to engage in enterprises without burdening his people; thus it comes to pass that he exercises liberality towards all from whom he does not take, who are numberless, and meanness towards those to whom he does not give, who are few.

We have not seen great things done in our time except by those who have been considered mean; the rest have failed. Pope Julius the Second was assisted in reaching the papacy by a reputation for liberality, yet he did not strive afterwards to keep it up, when he made war on the King of France; and he made many wars without imposing any extraordinary tax on his subjects, for he supplied his additional expenses out of his long thriftiness. The present King of Spain would not have undertaken or conquered in so many enterprises if he had been reputed liberal. A prince, therefore, provided that he has not to rob his subjects, that he can defend himself, that he does not become poor and abject, that he is not forced to become rapacious, ought to hold of little account a reputation for being mean, for it is one of those vices which will enable him to govern.

And if any one should say: Caesar obtained empire by liberality, and many others have reached the highest positions by having been liberal, and by being considered so, I answer: Either you are a prince in fact, or in a way to become one. In the first case this liberality is

Capitolo XVI

Della liberalità e miseria.

Cominciando adunque dalle prime soprascritte qualità, dico come sarebbe bene esser tenuto liberale. Nondimanco la liberalità usata in modo che tu non sia temuto, ti offende; perchè se la si usa virtuosamente e come la si deve usare, la non fia conosciuta, e non ti cadrà l'infamia del suo contrario. E però a volersi mantenere tra gli uomini il nome del liberale, è necessario non lasciare indietro alcuna qualità di sontuosità; talmentechè sempre un Principe così fatto consumerà in simili opere tutte le sue facultà, e sarà necessitato alla fine, se egli si vorrà mantenere nome del liberale, gravare i popoli straordinariamente, ed esser fiscale, e fare tutte quelle cose che si possono fare per avere danari. Il che comincerà a farlo odioso con li sudditi, e poco stimare da ciascuno, diventando povero; in modo che, avendo con questa sua liberalità offeso molti, e premiato pochi, sente ogni primo disagio, e periclita in qualunque primo pericolo; il che cognoscendo lui, e volendosene ritrarre, incorre subito nell'infamia del misero.

Un Principe adunque, non potendo usare questa virtù del liberale senza suo danno, in modo che la sia cognosciuta, deve, se egli è prudente, non si curare del nome del misero; perchè con il tempo sarà tenuto sempre più liberale. Veggendo che con la sua parsimonia le sue entrate gli bastano, può difendersi da chi gli fa guerra, può fare imprese senza gravare i popoli; talmentechè viene a usare la liberalità a tutti quelli, a chi non toglie, che sono infiniti, e miseria a tutti coloro, a chi non dà, che sono pochi. ⟨Ne' nostri tempi noi non abbiamo veduto fare gran cose, se non a quelli che sono stati tenuti miseri, gli altri essere spenti. Papa Iulio II come si fu servito del nome di liberale per aggiugnere al Papato, non pensò più a mantenerselo per potere far guerra al Re di Francia; e ha fatto tante guerre senza porre un dazio strasordinario, perchè alle superflue spese ha somministrato la lunga sua parsimonia. Il Re di Spagna presente, se fusse tenuto liberale, non arebbe fatto, nè vinto tante imprese. Pertanto un Principe deve stimare poco, per non avere a rubare i sudditi, per poter difendersi, per non diventare povero ed abietto, per non essere forzato diventar rapace, d'incorrere nel nome di misero, perchè questo è uno di quelli vizi, che lo fanno regnare. ⟨E se alcun dicesse: Cesare con la liberalità pervenne all'Imperio; e molti altri, per essere stati ed esser tenuti liberali, sono venuti a gradi grandissimi; rispondo: o tu sei Principe fatto, o tu sei in via di

dangerous, in the second it is very necessary to be considered liberal; and Caesar was one of those who wished to become pre-eminent in Rome; but if he had survived after becoming so, and had not moderated his expenses, he would have destroyed his government. And if any one should reply: Many have been princes, and have done great things with armies, who have been considered very liberal, I reply: Either a prince spends that which is his own or his subjects' or else that of others. In the first case he ought to be sparing, in the second he ought not to neglect any opportunity for liberality. And to the prince who goes forth with his army, supporting it by pillage, sack, and extortion, handling that which belongs to others, this liberality is necessary, otherwise he would not be followed by soldiers. And of that which is neither yours nor your subjects' you can be a ready giver, as were Cyrus, Caesar, and Alexander; because it does not take away your reputation if you squander that of others, but adds to it; it is only squandering your own that injures you.

And there is nothing wastes so rapidly as liberality, for even whilst you exercise it you lose the power to do so, and so become either poor or despised, or else, in avoiding poverty, rapacious and hated. And a prince should guard himself, above all things, against being despised and hated; and liberality leads you to both. Therefore it is wiser to have a reputation for meanness which brings reproach without hatred, than to be compelled through seeking a reputation for liberality to incur a name for rapacity which begets reproach with hatred.

acquistarlo. Nel primo caso questa liberalità è dannosa; nel secondo è ben necessario esser tenuto liberale, e Cesare era un di quelli che voleva pervenire al Principato di Roma; ma, se poichè vi fu venuto, fusse sopravvissuto, e non si fusse temperato da quelle spese, arebbe distrutto quell'Imperio. E se alcuno replicasse: molti sono stati Principi, e con gli eserciti hanno fatto gran cose, che sono stati tenuti liberalissimi; ti rispondo: o il Principe spende del suo e de' suoi sudditi, o di quello d'altri. Nel primo caso deve esser parco, nel secondo non deve lasciare indietro parte alcuna di liberalità. E quel Principe che va con gli eserciti, che si pasce di prede, di sacchi, e di taglie, e maneggia quel d'altri, gli è necessaria questa liberalità; altrimenti non sarebbe seguíto da' soldati. E di quello che non è tuo o de' tuoi sudditi, si può essere più largo donatore, come fu Ciro, Cesare, e Alessandro; perchè lo spendere quel d'altri non toglie riputazione, ma te ne aggiugne; solamente lo spendere il tuo è quello che ti nuoce. ₵ E non ci è cosa che consumi sè stessa quanto la liberalità, la quale mentre che tu usi, perdi la facultà di usarla, e diventi o povero o vile, o, per fuggire la povertà, rapace e odioso. E tra tutte le cose, da che un Principe si debbe guardare, è l'essere disprezzato e odioso; e la liberalità all'una e l'altra di queste cose ti conduce. Pertanto è più sapienza tenersi il nome di misero, che partorisce una infamia senza odio, che, per volere il nome di liberale, incorrere per necessità nel nome di rapace, che partorisce una infamia con odio.

Chapter XVII

Concerning curelty and clemency, and whether it is better to be loved than feared

Coming now to the other qualities mentioned above, I say that every prince ought to de-sire to be considered clement and not cruel. Nevertheless he ought to take care not to misuse this clemency. Cesare Borgia was considered cruel; notwithstanding, his cruelty reconciled the Romagna, unified it, and restored it to peace and loyalty. And if this be rightly con-sidered, he will be seen to have been much more merciful than the Florentine people, who, to avoid a reputation for cruelty, permitted Pistoia to be destroyed.[34] Therefore a prince, so long as he keeps his subjects united and loyal, ought not to mind the reproach of cruelty; be-cause with a few examples he will be more merciful than those who, through too much mercy, allow disorders to arise, from which follow murders or robberies; for these are wont to injure the whole people, whilst those executions which originate with a prince offend the individual only.

And of all princes, it is impossible for the new prince to avoid the imputation of cruelty, owing to new states being full of dangers. Hence Virgil, through the mouth of Dido, excuses the inhumanity of her reign owing to its being new, saying:

"Res dura, et regni novitas me talia cogunt / Moliri, et late fines custode tueri."[35]

Nevertheless he ought to be slow to believe and to act, nor should he himself show fear, but proceed in a temperate manner with prudence and humanity, so that too much confid-ence may not make him incautious and too much distrust render him intolerable.

Upon this a question arises: whether it be better to be loved than feared or feared than loved? It may be answered that one should wish to be both, but, because it is difficult to unite them in one person, it is much safer to be feared than loved, when, of the two, either must be dispensed with. Because this is to be asserted in general of men, that they are un-grateful, fickle, false, cowardly, covetous, and as long as you succeed they are yours entirely; they will offer you their blood, property, life, and children, as is said above, when the need is far distant; but when it approaches they turn against you. And that prince who, relying en-tirely on their promises, has neglected other precautions, is ruined; because friendships that are obtained by payments, and not by greatness or nobility of mind, may indeed be earned, but they are not secured, and in time of need cannot be relied upon; and men have less scruple in offending one who is beloved than one who is feared, for love is preserved by the

---

34 During the rioting between the Cancellieri and Panciatichi factions in 1502 and 1503.

35 ...against my will, my fate / A throne unsettled, and an infant state, / Bid me defend my realms with all my pow'rs, / And guard with these severities my shores. —Christopher Pitt.

Capitolo XVII

Della crudeltà e clemenzia; e se egli è meglio essere amato, che temuto.

Discendendo appresso alle altre qualità preallegate, dico, che ciascuno Principe deve disiderare di essere tenuto pietoso, e non crudele. Nondimanco deve avvertire di non usar male questa pietà. Era tenuto Cesare Borgia crudele; nondimanco quella sua crudeltà aveva racconcia la Romagna, unitala, e ridottala in pace e in fede. Il che se si considera bene, si vedrà quello essere stato molto più pietoso, che il Popolo Fiorentino, il quale, per fuggire il nome di crudele, lasciò distruggere Pistoia. Deve pertanto un Principe non si curare dell'infamia di crudele, per tenere i sudditi suoi uniti, e in fede: perchè con pochissimi esempi sarai più pietoso, che quelli, li quali per troppa pietà lasciano seguire i disordini, onde naschino occisioni o rapine; perchè queste sogliono offendere una università intera; e quelle esecuzioni che vengono dal Principe, offendono un particolare. ⟨E tra tutti i Principi, al Principe nuovo è impossibile fuggire il nome di crudele, per essere gli Stati nuovi pieni di pericoli. Onde Virgilio, per la bocca di Didone, escusa l'inumanità del suo Regno, per essere quello nuovo, dicendo:

"Res dura, et regni novitas me talia cogunt / Moliri, et late fines custode tueri."[1]

Nondimeno deve esser grave a credere ed al muoversi, nè si deve far paura da sè stesso, e procedere in modo temperato con prudenza ed umanità, che la troppa confidenza non lo faccia incauto, e la troppa diffidanza non lo renda intollerabile. ⟨Nasce da questo una disputa: s'egli è meglio essere amato che temuto, o temuto che amato. Rispondesi, che si vorrebbe essere l'uno e l'altro; ma perchè egli è difficile, che e' stiano insieme, è molto più sicuro l'esser temuto che amato, quando s'abbi a mancare dell'un de' duoi. Perchè degli uomini si può dire questo generalmente, che sieno ingrati, volubili, simulatori, fuggitori de' pericoli, cupidi di guadagno; e mentre fai loro bene sono tutti tuoi, ti offeriscono il sangue, la roba, la vita, ed i figliuoli, come di sopra dissi, quando il bisogno è discosto; ma, quando ti si appressa, si rivoltano. E quel Principe che si è tutto fondato in sulle parole loro, trovandosi nudo di altri preparamenti, rovina; perchè l'amicizie che si acquistano con il prezzo, e non con grandezza e nobiltà d'animo, si meritano, ma non le si hanno, e a' tempi non si possono spendere. E gli uomini hanno men rispetto di offendere uno che si facci amare, che uno che si facci temere;

---

1   Gli accidenti atroci, / la novità di questo regno a forza / mi fan sí rigorosa, e sí guardinga / de' miei confini. — Annibal Caro, *Eneide* di Vergilio

link of obligation which, owing to the baseness of men, is broken at every opportunity for their advantage; but fear preserves you by a dread of punishment which never fails.

Nevertheless a prince ought to inspire fear in such a way that, if he does not win love, he avoids hatred; because he can endure very well being feared whilst he is not hated, which will always be as long as he abstains from the property of his citizens and subjects and from their women. But when it is necessary for him to proceed against the life of someone, he must do it on proper justification and for manifest cause, but above all things he must keep his hands off the property of others, because men more quickly forget the death of their father than the loss of their patrimony. ⁅ Besides, pretexts for taking away the property are never wanting; for he who has once begun to live by robbery will always find pretexts for seizing what belongs to others; but reasons for taking life, on the contrary, are more difficult to find and sooner lapse. But when a prince is with his army, and has under control a multitude of soldiers, then it is quite necessary for him to disregard the reputation of cruelty, for without it he would never hold his army united or disposed to its duties.

Among the wonderful deeds of Hannibal this one is enumerated: that having led an enormous army, composed of many various races of men, to fight in foreign lands, no dissensions arose either among them or against the prince, whether in his bad or in his good fortune. This arose from nothing else than his inhuman cruelty, which, with his boundless valour, made him revered and terrible in the sight of his soldiers, but without that cruelty, his other virtues were not sufficient to produce this effect. And short-sighted writers admire his deeds from one point of view and from another condemn the principal cause of them. That it is true his other virtues would not have been sufficient for him may be proved by the case of Scipio, that most excellent man, not only of his own times but within the memory of man, against whom, nevertheless, his army rebelled in Spain; this arose from nothing but his too great forbearance, which gave his soldiers more license than is consistent with military discipline. For this he was upbraided in the Senate by Fabius Maximus, and called the corrupter of the Roman soldiery. The Locrians were laid waste by a legate of Scipio, yet they were not avenged by him, nor was the insolence of the legate punished, owing entirely to his easy nature. Insomuch that someone in the Senate, wishing to excuse him, said there were many men who knew much better how not to err than to correct the errors of others. This disposition, if he had been continued in the command, would have destroyed in time the fame and glory of Scipio; but, he being under the control of the Senate, this injurious characteristic not only concealed itself, but contributed to his glory.

Returning to the question of being feared or loved, I come to the conclusion that, men loving according to their own will and fearing according to that of the prince, a wise prince should establish himself on that which is in his own control and not in that of others; he must endeavour only to avoid hatred, as is noted.

perchè l'amore è tenuto da un vincolo di obbligo, il quale, per essere gli uomini tristi, da ogni occasione di propria utilità è rotto; ma il timore è tenuto da una paura di pena, che non abbandona mai. ❰Deve nondimeno il Principe farsi temere in modo, che, se non acquista l'amore, e' fugga l'odio, perchè può molto bene stare insieme esser temuto, e non odiato; il che farà, semprechè s'astenga dalla roba de' suoi cittadini, e de' suoi sudditi, e dalle donne loro. E quando pure gli bisognasse procedere contro al sangue di qualcuno, farlo quando vi sia giustificazione conveniente e causa manifesta; ma sopratutto astenersi dalla roba d'altri; perchè gli uomini dimenticano piuttosto la morte del padre, che la perdita del patrimonio.

Dipoi le cagioni del torre la roba non mancano mai; e sempre colui che comincia a vivere con rapina, trova cagioni d'occupare quel d'altri, e per avverso contro al sangue sono più rare e mancano più tosto. Ma quando il Principe è con gli eserciti, e ha in governo moltitudine di soldati, allora è al tutto necessario non si curare del nome di crudele: perchè senza questo nome non si tiene un esercito unito, nè disposto ad alcuna fazione. ❰Tra le mirabili azioni di Annibale si connumera questa, che avendo un esercito grossissimo, misto d'infinite generazioni d'uomini, condotto a militare in terre d'altri, non vi surgesse mai una dissensione nè fra loro, nè contro il Principe, così nella trista, come nella sua buona fortuna. Il che non potè nascere da altro, che da quella sua inumana crudeltà, la quale insieme con infinite sue virtù lo fece sempre nel cospetto de' suoi soldati venerando e terribile; e, senza quella, l'altre sue virtù a far quello effetto non gli bastavano. E gli scrittori poco considerati dall'una parte ammirano queste sue azioni, e dall'altra dannano la principale cagione di esse. E che sia vero che l'altre sue virtù non gli sariono bastate, si può considerare in Scipione, rarissimo non solamente ne' tempi suoi, ma in tutta la memoria delle cose che si sanno, dal quale gli eserciti suoi in Ispagna si ribellarono; il che non nacque da altro, che dalla sua troppa pietà, la quale aveva dato a' suoi soldati più licenza, che alla disciplina militare non si conveniva. La qual cosa gli fu da Fabio Massimo nel Senato rimproverata, chiamandolo corruttore della Romana milizia. I Locrensi essendo stati da un legato di Scipione distrutti, non furono da lui vindicati, nè l'insolenza di quel legato corretta, nascendo tutto da quella sua natura facile. Talmentechè volendolo alcuno in Senato scusare, disse come egli erano molti uomini, che sapevano meglio non errare, che correggere gli errori d'altri. La qual natura arebbe con il tempo violato la fama e la gloria di Scipione, se egli avesse con essa perseverato nell'imperio; ma vivendo sotto il governo del Senato, questa sua qualità dannosa non solamente si nascose, ma gli fu a gloria. ❰Conchiudo adunque, tornando all'esser temuto ed amato, che amando gli uomini a posta loro, e temendo a posta del Principe, deve un Principe savio fondarsi in su quello che è suo, non in su quello che è d'altri; e deve solamente ingegnarsi di fuggir l'odio, come è detto.

Chapter XVIII

Concerning the way in which princes should keep faith [36]

Every one admits how praiseworthy it is in a prince to keep faith, and to live with in-tegrity and not with craft. Nevertheless our experience has been that those princes who have done great things have held good faith of little account, and have known how to circum-vent the intellect of men by craft, and in the end have overcome those who have relied on their word. You must know there are two ways of contesting, [37] the one by the law, the other by force; the first method is proper to men, the second to beasts; but because the first is fre-quently not sufficient, it is necessary to have recourse to the second. Therefore it is necessary for a prince to understand how to avail himself of the beast and the man. This has been figur-atively taught to princes by ancient writers, who describe how Achilles and many other princes of old were given to the Centaur Chiron to nurse, who brought them up in his dis-cipline; which means solely that, as they had for a teacher one who was half beast and half man, so it is necessary for a prince to know how to make use of both natures, and that one without the other is not durable. A prince, therefore, being compelled knowingly to adopt the beast, ought to choose the fox and the lion; because the lion cannot defend himself against snares and the fox cannot defend himself against wolves. Therefore, it is necessary to be a fox to discover the snares and a lion to terrify the wolves. Those who rely simply on the lion do not understand what they are about. Therefore a wise lord cannot, nor ought he to, keep faith when such observance may be turned against him, and when the reasons that caused him to pledge it exist no longer. If men were entirely good this precept would not hold, but because they are bad, and will not keep faith with you, you too are not bound to observe it with them. Nor will there ever be wanting to a prince legitimate reasons to ex-cuse this non-observance. ⟨ Of this endless modern examples could be given, showing how many treaties and engagements have been made void and of no effect through the faithless-ness of princes; and he who has known best how to employ the fox has succeeded best.

But it is necessary to know well how to disguise this characteristic, and to be a great pretender and dissembler; and men are so simple, and so subject to present necessities, that he who seeks to deceive will always find someone who will allow himself to be deceived.

---

36 "The present chapter has given greater offence than any other portion of Machiavelli's writings." Burd, *Il Principe*, p. 297.

37 "Contesting," i.e. "striving for mastery." Mr Burd points out that this passage is imitated directly from Cicero's *De Officiis*: "Nam cum sint duo genera decertandi, unum per disceptationem, alterum per vim; cumque illud proprium sit hominis, hoc beluarum; confugiendum est ad posterius, si uti non licet superiore."

Capitolo XVIII

In che modo i Principi debbino osservare la fede.

Quanto sia laudabile in un Principe mantenere la fede, e vivere con integrità, e non con astuzia, ciascuno lo intende. Nondimeno si vede per esperienzia, ne' nostri tempi, quelli Principi aver fatto gran cose, che della fede hanno tenuto poco conto, e che hanno saputo con astuzia aggirare i cervelli degli uomini, ed alla fine hanno superato quelli che si sono fondati in su la lealtà. Dovete adunque sapere come sono due generazioni di combattere: l'una con le leggi, l'altra con le forze. Quel primo è degli uomini; quel secondo è delle bestie; ma perchè il primo spesse volte non basta, bisogna ricorrere al secondo. Pertanto ad un Principe è necessario saper ben usare la bestia e l'uomo. Questa parte è stata insegnata a' Principi copertamente dagli antichi scrittori, i quali scrivono come Achillee molti altri di quelli Principi antichi furono dati a nutrire a Chirone Centauro, che sotto la sua disciplina gli custodisse; il che non vuol dire altro l'avere per precettore un mezzo bestia e mezzo uomo, se non che bisogna a un Principe sapere usare l'una e l'altra natura, e l'una senza l'altra non è durabile. Essendo adunque un Principe necessitato sapere bene usare la bestia, debbe di quella pigliare la volpe e il lione; perchè il lione non si defende da' lacci, la volpe non si defende da' lupi. Bisogna adunque essere volpe a cognoscere i lacci, e lione a sbigottire i lupi. Coloro che stanno semplicemente in sul lione, non se ne intendono. Non può pertanto un Signore prudente, nè debbe osservare la fede, quando tale osservanzia gli torni contro, e che sono spente le cagioni che la feciono promettere. E se gli uomini fussero tutti buoni, questo precetto non saria buono; ma perchè sono tristi, e non l'osserverebbono a te, tu ancora non l'hai da osservare a loro. Nè mai a un Principe mancheranno cagioni legittime di colorare l'inosservanza.

Di questo se ne potriano dare infiniti esempi moderni, e mostrare quante paci, quante promesse siano state fatte irrite e vane per la infedeltà de' Principi; e a quello che ha saputo meglio usare la volpe, è meglio successo. ⸿Ma è necessario questa natura saperla bene colorire, ed essere gran simulatore e dissimulatore; e sono tanto semplici gli uomini, e tanto ubbidiscono alle necessità presenti, che colui che inganna, troverà sempre chi si lascerà ingannare.

One recent example I cannot pass over in silence. Alexander the Sixth did nothing else but deceive men, nor ever thought of doing otherwise, and he always found victims; for there never was a man who had greater power in asserting, or who with greater oaths would affirm a thing, yet would observe it less; nevertheless his deceits always succeeded according to his wishes,[38] because he well understood this side of mankind.

Alexander never did what he said, Cesare never said what he did.

—Italian Proverb.

Therefore it is unnecessary for a prince to have all the good qualities I have enumerated, but it is very necessary to appear to have them. And I shall dare to say this also, that to have them and always to observe them is injurious, and that to appear to have them is useful; to appear merciful, faithful, humane, religious, upright, and to be so, but with a mind so framed that should you require not to be so, you may be able and know how to change to the opposite.

And you have to understand this, that a prince, especially a new one, cannot observe all those things for which men are esteemed, being often forced, in order to maintain the state, to act contrary to fidelity,[39] friendship, humanity, and religion. Therefore it is necessary for him to have a mind ready to turn itself accordingly as the winds and variations of fortune force it, yet, as I have said above, not to diverge from the good if he can avoid doing so, but, if compelled, then to know how to set about it.

For this reason a prince ought to take care that he never lets anything slip from his lips that is not replete with the above-named five qualities, that he may appear to him who sees and hears him altogether merciful, faithful, humane, upright, and religious. There is nothing more necessary to appear to have than this last quality, inasmuch as men judge generally more by the eye than by the hand, because it belongs to everybody to see you, to few to come in touch with you. Every one sees what you appear to be, few really know what you are, and those few dare not oppose themselves to the opinion of the many, who have the majesty of the state to defend them; and in the actions of all men, and especially of princes, which it is not prudent to challenge, one judges by the result.

For that reason, let a prince have the credit of conquering and holding his state, the means will always be considered honest, and he will be praised by everybody; because the vulgar are always taken by what a thing seems to be and by what comes of it; and in the world there are only the vulgar, for the few find a place there only when the many have no ground to rest on.

38 "Nondimanco sempre gli succederono gli inganni (ad votum)." The words "ad votum" are omitted in the Testina addition, 1550. [Ed.: This omission is also in the Italian text of this book.]

39 "Contrary to fidelity" or "faith," "contro alla fede," and "tutto fede," "altogether faithful," in the next paragraph. It is noteworthy that these two phrases, "contro alla fede" and "tutto fede," were omitted in the Testina edition, which was published with the sanction of the papal authorities. It may be that the meaning attached to the word "fede" was "the faith," i.e. the Catholic creed, and not as rendered here "fidelity" and "faithful." Observe that the word "religione" was suffered to stand in the text of the Testina, being used to signify indifferently every shade of belief, as witness "the religion," a phrase inevitably employed to designate the Huguenot heresy. South in his Sermon IX, p. 69, ed. 1843, comments on this passage as follows: "That great patron and Coryphaeus of this tribe, Nicolo Machiavel, laid down this for a master rule in his political scheme: 'That the show of religion was helpful to the politician, but the reality of it hurtful and pernicious.'"

Io non voglio degli esempi freschi tacerne uno. Alessandro VI non fece mai altro che ingannare uomini, nè mai pensò ad altro, e trovò soggetto di poterlo fare; e non fu mai uomo che
avesse maggiore efficacia in asseverare, e che con maggiori giuramenti affermasse una cosa, e
che l'osservasse meno; nondimanco gli succederono sempre gl'inganni, perchè cognosceva
bene questa parte del mondo.[2] ℭAd un Principe adunque non è necessario avere in fatto tutte
le soprascritte qualità, ma è ben necessario parere d'averle. Anzi ardirò di dire questo, che
avendole, ed osservandole sempre, sono dannose; e parendo d'averle, sono utili; come parere
pietoso, fedele, umano, religioso, intero, ed essere; ma stare in modo edificato con l'animo,
che bisognando, tu possa e sappi mutare il contrario. ℭE hassi ad intendere questo, che un
Principe, e massime un Principe nuovo, non può osservare tutte quelle cose, per le quali gli
uomini sono tenuti buoni, essendo spesso necessitato, per mantenere lo Stato, operare contro
alla umanità, contro alla carità, contro alla religione. E però bisogna che egli abbia un animo
disposto a volgersi secondo che i venti e le variazioni della fortuna gli comandano; e, come di
sopra dissi, non partirsi dal bene, potendo, ma sapere entrare nel male, necessitato.

Deve adunque avere un Principe gran cura, che non gli esca mai di bocca una cosa che
non sia piena delle soprascritte cinque qualità, e paia, a vederlo e udirlo, tutto pietà, tutto integrità, tutto umanità, tutto religione. E non è cosa più necessaria a parere d'avere, che
quest'ultima qualità; perchè gli uomini in universale giudicano più agli occhi che alle mani,
perchè tocca a vedere a ciascuno, a sentire a' pochi. Ognuno vede quel che tu pari; pochi sen-
tono quel che tu sei, e quelli pochi non ardiscono opporsi alla opinione de' molti, che abbiano
la maesta dello stato che gli difende; e nelle azioni di tutti gli uomini, e massime de' Principi,
dove non è giudizio a chi reclamare, si guarda al fine. ℭFacci adunque un Principe conto di
vivere e mantenere lo Stato; i mezzi saranno sempre giudicati onorevoli, e da ciascuno lodati;
perchè il vulgo ne va sempre preso con quello che pare, e con l'evento della cosa; e nel mondo
non è se non vulgo; e gli pochi hanno luogo, quando gli assai non hanno dove appoggiarsi.

---

2   A questo punto nella versione inglese, il traduttore ha inserito un proverbio italiano che non si trova nel testo
originale di Machiavelli. «Alexander non fece mai quello che disse, Cesare non disse mai quello che fece.» Ma
questo proverbio non si trova per Google.

One prince[40] of the present time, whom it is not well to name, never preaches anything else but peace and good faith, and to both he is most hostile, and either, if he had kept it, would have deprived him of reputation and kingdom many a time.

40 Ferdinand of Aragon. "When Machiavelli was writing *The Prince* it would have been clearly impossible to mention Ferdinand's name here without giving offence." Burd's *Il Principe*, p. 308.

❡Alcuno Principe di questi tempi, il quale non è bene nominare, non predica mai altro, che pace e fede; e l'una e l'altra, quando e' l'avesse osservata, gli arebbe più volte tolto lo Stato, e la riputazione.

Chapter XIX

That one should avoid being despised and hated

Now, concerning the characteristics of which mention is made above, I have spoken of the more important ones, the others I wish to discuss briefly under this generality, that the prince must consider, as has been in part said before, how to avoid those things which will make him hated or contemptible; and as often as he shall have succeeded he will have fulfilled his part, and he need not fear any danger in other reproaches.

It makes him hated above all things, as I have said, to be rapacious, and to be a violator of the property and women of his subjects, from both of which he must abstain. And when neither their property nor their honor is touched, the majority of men live content, and he has only to contend with the ambition of a few, whom he can curb with ease in many ways.

It makes him contemptible to be considered fickle, frivolous, effeminate, mean-spirited, irresolute, from all of which a prince should guard himself as from a rock; and he should endeavour to show in his actions greatness, courage, gravity, and fortitude; and in his private dealings with his subjects let him show that his judgments are irrevocable, and maintain himself in such reputation that no one can hope either to deceive him or to get round him.

That prince is highly esteemed who conveys this impression of himself, and he who is highly esteemed is not easily conspired against; for, provided it is well known that he is an excellent man and revered by his people, he can only be attacked with difficulty. For this reason a prince ought to have two fears, one from within, on account of his subjects, the other from without, on account of external powers. From the latter he is defended by being well armed and having good allies, and if he is well armed he will have good friends, and affairs will always remain quiet within when they are quiet without, unless they should have been already disturbed by conspiracy; and even should affairs outside be disturbed, if he has carried out his preparations and has lived as I have said, as long as he does not despair, he will resist every attack, as I said Nabis the Spartan did.

But concerning his subjects, when affairs outside are disturbed he has only to fear that they will conspire secretly, from which a prince can easily secure himself by avoiding being hated and despised, and by keeping the people satisfied with him, which it is most necessary for him to accomplish, as I said above at length. And one of the most efficacious remedies that a prince can have against conspiracies is not to be hated and despised by the people, for he who conspires against a prince always expects to please them by his removal; but when the conspirator can only look forward to offending them, he will not have the courage to take such a course, for the difficulties that confront a conspirator are infinite. And as experience

Capitolo XIX

Che si debbe fuggire l'essere disprezzato e odiato.

Ma perchè circa le qualità, di che di sopra si fa menzione, io ho parlato delle più important-
anti, l'altre voglio discorrere brevemente sotto queste generalità, che il Principe pensi, come
di sopra in parte è detto, di fuggire quelle cose che lo faccino odioso o vile; e qualunque volta
fuggirà questo, arà adempiuto le parti sue, e non troverà nell'altre infamie pericolo alcuno.
⊂ Odioso lo fa soprattutto, come io dissi, lo esser rapace, ed usurpatore della roba, e delle
donne de' sudditi; di che si deve astenere. Qualunque volta alle università degli uomini non
si toglie nè roba nè onore, vivono contenti, e solo s'ha a combattere con l'ambizione di pochi,
la quale in molti modi e con facilità si raffrena. ⊂ Abietto lo fa l'esser tenuto vario, leggiero,
effeminato, pusillanimo, irresoluto; di che un Principe si deve guardare come da uno scoglio,
ed ingegnarsi che nelle azioni sue si riconosca grandezza, animosità, gravità, fortezza; e, circa
i maneggi privati de' sudditi, volere che la sua sentenzia sia irrevocabile, e si mantenga in tale
opinione, che alcuno non pensi nè ad ingannarlo, nè ad aggirarlo. ⊂ Quel Principe che dà di sè
questa opinione, è riputato assai; e contro a chi è riputato assai con difficultà si congiura, e
con difficultà è assaltato, purchè si intenda che sia eccellente e reverito da' suoi. Perchè un
Principe deve avere due paure: una dentro per conto de' sudditi; l'altra di fuori per conto
de' potenti esterni. Da questa si difende con le buone armi e buoni amici; e sempre, se arà
buone armi, arà buoni amici; e sempre staranno ferme le cose di dentro, quando stieno ferme
quelle di fuori, se già le non fossero perturbate da una congiura; e quando pure quelle di fuori
movessero, se egli è ordinato, e vissuto come io ho detto, quando non si abbandoni, sosterrà
ogni impeto, come dissi che fece Nabide Spartano. ⊂ Ma circa i sudditi, quando le cose di
fuori non muovino, s'ha a temere, che non congiurino segretamente; del che il Principe si as-
sicura assai, fuggendo l'essere odiato e disprezzato, e tenendosi il popolo satisfatto di lui; il
che è necessario conseguire, come di sopra si disse a lungo. Ed uno de' più potenti rimedi che
abbi un Principe contro le congiure, è non essere odiato o disprezzato dall'universale; perchè
sempre chi congiura crede con la morte del Principe satisfare al popolo; ma quando ei creda
offenderlo, non piglia animo a prendere simil partito; perchè le difficultà che sono dalla parte
de' congiuranti, sono infinite. Per esperienzia si vede molte essere state le congiure, e poche

shows, many have been the conspiracies, but few have been successful; because he who con-spires cannot act alone, nor can he take a companion except from those whom he believes to be malcontents, and as soon as you have opened your mind to a malcontent you have given him the material with which to content himself, for by denouncing you he can look for every advantage; so that, seeing the gain from this course to be assured, and seeing the other to be doubtful and full of dangers, he must be a very rare friend, or a thoroughly obstinate enemy of the prince, to keep faith with you.

And, to reduce the matter into a small compass, I say that, on the side of the conspirator, there is nothing but fear, jealousy, prospect of punishment to terrify him; but on the side of the prince there is the majesty of the principality, the laws, the protection of friends and the state to defend him; so that, adding to all these things the popular goodwill, it is impossible that any one should be so rash as to conspire. For whereas in general the conspirator has to fear before the execution of his plot, in this case he has also to fear the sequel to the crime; because on account of it he has the people for an enemy, and thus cannot hope for any escape.

Endless examples could be given on this subject, but I will be content with one, brought to pass within the memory of our fathers. ℭMesser Annibale Bentivogli, who was prince in Bologna (grandfather of the present Annibale), having been murdered by the Can-neschi, who had conspired against him, not one of his family survived but Messer Gio-vanni,[41] who was in childhood: immediately after his assassination the people rose and murdered all the Canneschi. This sprung from the popular goodwill which the house of Bentivogli enjoyed in those days in Bologna; which was so great that, although none re-mained there after the death of Annibale who was able to rule the state, the Bolognese, hav-ing information that there was one of the Bentivogli family in Florence, who up to that time had been considered the son of a blacksmith, sent to Florence for him and gave him the gov-ernment of their city, and it was ruled by him until Messer Giovanni came in due course to the government.

For this reason I consider that a prince ought to reckon conspiracies of little account when his people hold him in esteem; but when it is hostile to him, and bears hatred towards him, he ought to fear everything and everybody. And well-ordered states and wise princes have taken every care not to drive the nobles to desperation, and to keep the people satisfied and contented, for this is one of the most important objects a prince can have.

Among the best ordered and governed kingdoms of our times is France, and in it are found many good institutions on which depend the liberty and security of the king; of these the first is the parliament and its authority, because he who founded the kingdom, knowing the ambition of the nobility and their boldness, considered that a bit to their mouths would be necessary to hold them in; and, on the other side, knowing the hatred of the people, foun-ded in fear, against the nobles, he wished to protect them, yet he was not anxious for this to be the particular care of the king; therefore, to take away the reproach which he would be liable to from the nobles for favouring the people, and from the people for favouring the nobles, he set up an arbiter, who should be one who could beat down the great and favour the lesser without reproach to the king. Neither could you have a better or a more prudent

41   Giovanni Bentivogli, born in Bologna 1438, died at Milan 1508. He ruled Bologna from 1462 to 1506.
     Machiavelli's strong condemnation of conspiracies may get its edge from his own very recent experience
     (February 1513), when he had been arrested and tortured for his alleged complicity in the Boscoli conspiracy.

aver avuto buon fine; perchè chi congiura non può esser solo, nè può prendere compagnia, se non di quelli, che crede essere malcontenti; e subito che a uno malcontento tu hai scoperto l'animo tuo, gli dai materia a contentarsi, perchè, manifestandolo, lui ne può sperare ogni comodità; talmentechè veggendo il guadagno fermo da questa parte, e dall'altra veggendolo dubbio e pieno di pericolo, convien bene o che sia raro amico, o che sia al tutto ostinato nimico del Principe ad osservarti la fede. ℂE, per ridurre la cosa in brevi termini, dico, che dalla parte del congiurante non è, se non paura, gelosia, sospetto di pena che lo sbigottisce; ma dalla parte del Principe è la maestà del Principato, le leggi, le difese degli amici e dello Stato che lo difendono; talmentechè aggiunto a tutte queste cose la benivolenza populare, è impossibile che alcun sia sì temerario, che congiuri. Perchè per l'ordinario dove uno congiurante ha a temere innanzi alla esecuzione del male, in questo caso debbe temere ancora dappoi, avendo per nimico il popolo, seguíto l'eccesso, nè potendo per questo sperare rifugio alcuno. ℂDi questa materia se ne potria dare infiniti esempi; ma voglio solo esser contento d'uno, seguíto alla memoria de' padri nostri.

Messer Annibale Bentivogli, avolo del presente Messer Annibale, che era Principe in Bologna, essendo da' Canneschi, che gli congiurarono contro, ammazzato, nè rimanendo di lui altri che Messer Giovanni, quale era in fasce, subito dopo tale omicidio si levò il popolo, ed ammazzò tutti i Canneschi. Il che nacque dalla benivolenza popolare che la casa de' Bentivogli aveva in quei tempi in Bologna; la qual fu tanta, che non vi restando alcuno che potesse, morto Annibale, reggere lo Stato, ed avendo indizio come in Firenze era un nato de' Bentivogli, che si teneva fino allora figliuolo di un fabbro, vennero i Bolognesi per quello in Firenze, e li dettono il governo di quella città, la quale fu governata da lui fino a tanto che Messer Giovanni pervenisse in età conveniente al governo. ℂConchiudo adunque, che un Principe deve tenere delle congiure poco conto, quando il popolo gli sia benivolo; ma quando gli sia inimico, ed abbilo in odio, deve temere di ogni cosa e di ognuno. E gli stati bene ordinati, e li Principi savi hanno con ogni diligenza pensato di non far cadere in disperazione i grandi e di satisfare al popolo, e tenerlo contento, perchè questa è una delle più importanti materie che abbia un Principe. ℂTra i Regni bene ordinati e governati a' nostri tempi è quello di Francia, ed in esso si trovano infinite costituzioni buone, donde ne dipende la libertà e sicurtà del Re, delle quali la prima è il Parlamento, e la sua autorità; perchè quello che ordinò quel Regno, cognoscendo l'ambizione de' potenti e la insolenza loro, e giudicando esser necessario loro un freno in bocca che gli correggesse; e dall'altra parte cognoscendo l'odio dell'universale contro i grandi, fondato in su la paura, e volendo assicurarli, non volse che questa fusse particolar cura del Re, per torli quel carico che e' potesse avere con i grandi, favorendo i popolari, e con i popolari, favorendo i grandi; e però constituì un giudice terzo, che fusse quello, che senza carico del Re, battesse i grandi, e favorisse i minori. Nè potè

arrangement, or a greater source of security to the king and kingdom. From this one can draw another important conclusion, that princes ought to leave affairs of reproach to the management of others, and keep those of grace in their own hands. And further, I consider that a prince ought to cherish the nobles, but not so as to make himself hated by the people.

It may appear, perhaps, to some who have examined the lives and deaths of the Roman emperors that many of them would be an example contrary to my opinion, seeing that some of them lived nobly and showed great qualities of soul, nevertheless they have lost their empire or have been killed by subjects who have conspired against them. Wishing, therefore, to answer these objections, I will recall the characters of some of the emperors, and will show that the causes of their ruin were not different to those alleged by me; at the same time I will only submit for consideration those things that are noteworthy to him who studies the affairs of those times.

It seems to me sufficient to take all those emperors who succeeded to the empire from Marcus the philosopher down to Maximinus; they were Marcus and his son Commodus, Pertinax, Julian, Severus and his son Antoninus Caracalla, Macrinus, Heliogabalus, Alexander, and Maximinus.

There is first to note that, whereas in other principalities the ambition of the nobles and the insolence of the people only have to be contended with, the Roman emperors had a third difficulty in having to put up with the cruelty and avarice of their soldiers, a matter so beset with difficulties that it was the ruin of many; for it was a hard thing to give satisfaction both to soldiers and people; because the people loved peace, and for this reason they loved the unaspiring prince, whilst the soldiers loved the warlike prince who was bold, cruel, and rapacious, which qualities they were quite willing he should exercise upon the people, so that they could get double pay and give vent to their own greed and cruelty. Hence it arose that those emperors were always overthrown who, either by birth or training, had no great authority, and most of them, especially those who came new to the principality, recognizing the difficulty of these two opposing humours, were inclined to give satisfaction to the soldiers, caring little about injuring the people. Which course was necessary, because, as princes cannot help being hated by someone, they ought, in the first place, to avoid being hated by every one, and when they cannot compass this, they ought to endeavour with the utmost diligence to avoid the hatred of the most powerful. Therefore, those emperors who through inexperience had need of special favour adhered more readily to the soldiers than to the people; a course which turned out advantageous to them or not, accordingly as the prince knew how to maintain authority over them.

From these causes it arose that Marcus, Pertinax, and Alexander, being all men of modest life, lovers of justice, enemies to cruelty, humane, and benignant, came to a sad end except Marcus; he alone lived and died honoured, because he had succeeded to the throne by hereditary title, and owed nothing either to the soldiers or the people; and afterwards, being possessed of many virtues which made him respected, he always kept both orders in their places whilst he lived, and was neither hated nor despised.

But Pertinax was created emperor against the wishes of the soldiers, who, being accustomed to live licentiously under Commodus, could not endure the honest life to which Pertinax wished to reduce them; thus, having given cause for hatred, to which hatred there was

essere questo ordine migliore, nè più prudente, nè maggior cagione di sicurtà del Re, e del Regno. Di che si può trarre un altro notabile, che li Principi debbono le cose di carico fare sumministrare ad altri, e quelle di grazie a lor medesimi. Di nuovo conchiudo, che un Principe debbe stimare i grandi, ma non si far odiare dal popolo.

Parrebbe forse a molti, che, considerata la vita e morte di molti Imperatori Romani, fussono esempi contrarii a questa mia opinione, trovando alcuno esser vissuto sempre egregiamente, e mostro grande virtù d'animo, nondimeno aver perso l'imperio, ovvero essere stato morto da' suoi che gli hanno congiurato contro. Volendo adunque rispondere a queste obiezioni, discorrerò le qualità di alcuni Imperatori, mostrando la cagione della lor rovina, non disforme da quello che da me si è addutto; e parte metterò in considerazione quelle cose che sono notabili a chi legge le azioni di quelli tempi. ℂE voglio mi basti pigliare tutti quelli Imperatori, che succederono nell'Imperio da Marco Filosofo a Massimino, li quali furono Marco, Commodo suo figliuolo, Pertinace, Iuliano, Severo, Antonino, Caracalla suo figliuolo, Macrino, Eliogabalo, Alessandro, e Massimino. ℂEd è prima da notare, che dove negli altri Principi si ha solo a contendere con l'ambizione de' grandi e insolenza de' popoli, gl'Imperatori Romani avevano una terza difficultà, d'avere a sopportare la crudeltà ed avarizia de' soldati; la qual cosa era sì difficile, che la fu cagione della rovina di molti, sendo difficile satisfare a' soldati ed a' popoli; perchè i populi amano la quiete, e per questo amano i Principi modesti, e li soldati amano il Principe d'animo militare, e che sia insolente, e crudele, e rapace. Le quali cose volevano che egli esercitasse ne' popoli, per potere avere duplicato stipendio, e sfogare la loro avarizia e crudeltà; donde ne nacque che quelli Imperatori che per natura o per arte non avevano riputazione tale, che con quella tenessero l'uno e l'altro in freno, sempre rovinavano; e li più di loro, massime quelli che come uomini nuovi venivano al Principato, conosciuta la difficultà di questi duoi diversi umori, si volgevano a satisfare a' soldati, stimando poco l'ingiuriare il popolo. Il qual partito era necessario; perchè non potendo i Principi mancare di non essere odiati da qualcuno, si debbono prima sforzare di non essere odiati dall'università; e quando non possono conseguir questo, si debbono ingegnare con ogni industria fuggire l'odio di quelle università che sono più potenti. E però quelli Imperatori, che per novità avevano bisogno di favori straordinari, aderivano ai soldati più volentieri, che alli popoli; il che tornava loro nondimeno utile o no, secondo che quel Principe si sapeva mantenere riputato con loro.

Da queste cagioni sopradette nacque che Marco, Pertinace, e Alessandro essendo tutti di modesta vita, amatori della giustizia, inimici della crudeltà, umani, e benigni, ebbero tutti, da Marco infuora, tristo fine; Marco solo visse e morì onoratissimo, perchè lui succedè all'Imperio per eredità, e non aveva a ricognoscer quello nè dai soldati, nè dai popoli; dipoi essendo accompagnato da molte virtù che lo facevano venerando, tenne sempre, mentre visse, l'uno ordine e l'altro dentro a' suoi termini, e non fu mai nè odiato, nè disprezzato. ℂMa Pertinace fu creato Imperadore contro alla voglia de' soldati, li quali, essendo usi a vivere licenziosamente sotto Commodo, non poterono sopportare quella vita onesta, alla quale Pertinace gli voleva ridurre; onde avendosi creato odio, ed a questo odio aggiunto dispregio per

added contempt for his old age, he was overthrown at the very beginning of his administration. And here it should be noted that hatred is acquired as much by good works as by bad ones, therefore, as I said before, a prince wishing to keep his state is very often forced to do evil; for when that body is corrupt whom you think you have need of to maintain yourself—it may be either the people or the soldiers or the nobles—you have to submit to its humours and to gratify them, and then good works will do you harm.

But let us come to Alexander, who was a man of such great goodness, that among the other praises which are accorded him is this, that in the fourteen years he held the empire no one was ever put to death by him unjudged; nevertheless, being considered effeminate and a man who allowed himself to be governed by his mother, he became despised, the army conspired against him, and murdered him.

Turning now to the opposite characters of Commodus, Severus, Antoninus Caracalla, and Maximinus, you will find them all cruel and rapacious— men who, to satisfy their soldiers, did not hesitate to commit every kind of iniquity against the people; and all, except Severus, came to a bad end; but in Severus there was so much valour that, keeping the soldiers friendly, although the people were oppressed by him, he reigned successfully; for his valour made him so much admired in the sight of the soldiers and people that the latter were kept in a way astonished and awed and the former respectful and satisfied. And because the actions of this man, as a new prince, were great, I wish to show briefly that he knew well how to counterfeit the fox and the lion, which natures, as I said above, it is necessary for a prince to imitate.

Knowing the sloth of the Emperor Julian, he persuaded the army in Sclavonia, of which he was captain, that it would be right to go to Rome and avenge the death of Pertinax, who had been killed by the praetorian soldiers; and under this pretext, without appearing to aspire to the throne, he moved the army on Rome, and reached Italy before it was known that he had started. On his arrival at Rome, the Senate, through fear, elected him emperor and killed Julian. After this there remained for Severus, who wished to make himself master of the whole empire, two difficulties; one in Asia, where Niger, head of the Asiatic army, had caused himself to be proclaimed emperor; the other in the west where Albinus was, who also aspired to the throne. And as he considered it dangerous to declare himself hostile to both, he decided to attack Niger and to deceive Albinus. To the latter he wrote that, being elected emperor by the Senate, he was willing to share that dignity with him and sent him the title of Caesar; and, moreover, that the Senate had made Albinus his colleague; which things were accepted by Albinus as true. But after Severus had conquered and killed Niger, and settled oriental affairs, he returned to Rome and complained to the Senate that Albinus, little recognizing the benefits that he had received from him, had by treachery sought to murder him, and for this ingratitude he was compelled to punish him. Afterwards he sought him out in France, and took from him his government and life. He who will, therefore, carefully examine the actions of this man will find him a most valiant lion and a most cunning fox; he will find him feared and respected by every one, and not hated by the army; and it need not be wondered at that he, a new man, was able to hold the empire so well, because his supreme renown always protected him from that hatred which the people might have conceived against him for his violence.

l'esser vecchio, rovinò ne' primi principii della sua amministrazione. Onde si deve notare che l'odio si acquista così mediante le buone opere, come le triste; e però, come io dissi di sopra, volendo un Principe mantenere lo Stato, è spesso forzato a non esser buono; perchè quando quella università, o popolo, o soldati, o grandi che sieno, della quale tu giudichi, per mantenerti, aver bisogno, è corrotta, ti convien seguire l'umor suo, e sodisfarle; e allora le buone opere ti sono inimiche. ℂMa vegniamo ad Alessandro, il quale fu di tanta bontà, che tra l'altre lodi che gli sono attribuite, è, che in quattordici anni, che tenne l'imperio, non fu mai morto da lui nessuno ingiudicato; nondimanco, essendo tenuto effeminato, e uomo che si lasciasse governare dalla madre, e per questo venuto in dispregio; conspirò contro di lui l'esercito, ed ammazzollo.

Discorrendo ora per opposto le qualità di Commodo, di Severo, di Antonino, di Caracalla, e di Massimino, gli troverete crudelissimi e rapacissimi, li quali, per satisfare a' soldati, non perdonarono a nissuna qualità d'ingiuria che ne' popoli si potesse commettere; e tutti, eccetto Severo, ebbero tristo fine; perchè in Severo fu tanta virtù, che, mantenendosi i soldati amici, ancorchè i popoli fossero da lui gravati, potè sempre regnare felicemente; perchè quelle sue virtù lo facevano nel cospetto de' soldati e de' popoli sì mirabile, che questi rimanevano in un certo modo attoniti e stupidi, e quelli altri riverenti e satisfatti. E perchè le azioni di costui furono grandi in un Principe nuovo, io voglio mostrare brevemente quanto egli seppe bene usare la persona della volpe e del lione, le quali nature dico, come di sopra, esser necessario imitare ad un Principe.

Conosciuta Severo la ignavia di Iuliano Imperadore, persuase al suo esercito, del quale era in Schiavonia capitano, che egli era bene andare a Roma a vendicare la morte di Pertinace, il quale era stato morto dalla guardia imperiale, e sotto questo colore, senza mostrare di aspirare all'Imperio, mosse l'esercito contro a Roma, e fu prima in Italia che si sapesse la sua partita. Arrivato a Roma, fu dal Senato per timore eletto Imperadore, e morto Iuliano. Restavano a Severo dopo questo principio due difficultà a volersi insignorire di tutto lo Stato: l'una in Asia, dove Nigro capo degli eserciti Asiatici si era fatto chiamare Imperatore; l'altra in ponente di Albino, il quale ancora lui aspirava all'Imperio. E perchè giudicava pericoloso scoprirsi nimico a tutti duoi, deliberò di assaltar Nigro, e ingannare Albino; al quale scrisse, come essendo dal Senato eletto Imperadore, voleva partecipare quella dignità con lui, e mandogli il titolo di Cesare, e per deliberazione del Senato se lo aggiunse collega; le quali cose furono da Albino accettate per vere. Ma poichè Severo ebbe vinto e morto Nigro, e pacate le cose orientali, ritornatosi a Roma si querelò in Senato di Albino, che, come poco conoscente de' beneficii ricevuti da lui, aveva a tradimento cerco d'ammazzarlo, e per questo era necessitato andare a punire la sua ingratitudine. Dipoi andò a trovarlo in Francia, e gli tolse lo Stato e la vita. Chi esaminerà adunque tritamente le azioni di costui, lo troverà un ferocissimo lione e un'astutissima volpe, e vedrà quello temuto e riverito da ciascuno, e dagli eserciti non odiato; e non si maraviglierà se lui, uomo nuovo, arà possuto tenere tanto Imperio, perchè la sua grandissima riputazione lo difese sempre da quell'odio che i popoli per le sue

But his son Antoninus was a most eminent man, and had very excellent qualities, which made him admirable in the sight of the people and acceptable to the soldiers, for he was a warlike man, most enduring of fatigue, a despiser of all delicate food and other luxuries, which caused him to be beloved by the armies. Nevertheless, his ferocity and cruelties were so great and so unheard of that, after endless single murders, he killed a large number of the people of Rome and all those of Alexandria. He became hated by the whole world, and also feared by those he had around him, to such an extent that he was murdered in the midst of his army by a centurion. And here it must be noted that such-like deaths, which are deliberately inflicted with a resolved and desperate courage, cannot be avoided by princes, because any one who does not fear to die can inflict them; but a prince may fear them the less because they are very rare; he has only to be careful not to do any grave injury to those whom he employs or has around him in the service of the state. Antoninus had not taken this care, but had contumeliously killed a brother of that centurion, whom also he daily threatened, yet retained in his bodyguard; which, as it turned out, was a rash thing to do, and proved the emperor's ruin.

But let us come to Commodus, to whom it should have been very easy to hold the empire, for, being the son of Marcus, he had inherited it, and he had only to follow in the footsteps of his father to please his people and soldiers; but, being by nature cruel and brutal, he gave himself up to amusing the soldiers and corrupting them, so that he might indulge his rapacity upon the people; on the other hand, not maintaining his dignity, often descending to the theatre to compete with gladiators, and doing other vile things, little worthy of the imperial majesty, he fell into contempt with the soldiers, and being hated by one party and despised by the other, he was conspired against and was killed.

It remains to discuss the character of Maximinus. He was a very warlike man, and the armies, being disgusted with the effeminacy of Alexander, of whom I have already spoken, killed him and elected Maximinus to the throne. This he did not possess for long, for two things made him hated and despised; the one, his having kept sheep in Thrace, which brought him into contempt (it being well known to all, and considered a great indignity by every one), and the other, his having at the accession to his dominions deferred going to Rome and taking possession of the imperial seat; he had also gained a reputation for the utmost ferocity by having, through his prefects in Rome and elsewhere in the empire, practised many cruelties, so that the whole world was moved to anger at the meanness of his birth and to fear at his barbarity. First Africa rebelled, then the Senate with all the people of Rome, and all Italy conspired against him, to which may be added his own army; this latter, besieging Aquileia and meeting with difficulties in taking it, were disgusted with his cruelties, and fearing him less when they found so many against him, murdered him.

I do not wish to discuss Heliogabalus, Macrinus, or Julian, who, being thoroughly contemptible, were quickly wiped out; but I will bring this discourse to a conclusion by saying that princes in our times have this difficulty of giving inordinate satisfaction to their soldiers in a far less degree, because, notwithstanding one has to give them some indulgence, that is soon done; none of these princes have armies that are veterans in the governance and administration of provinces, as were the armies of the Roman Empire; and whereas it was then more necessary to give satisfaction to the soldiers than to the people, it is now more necessary to

rapine avevano potuto concipere. ⟨Ma Antonino suo figliuolo fu ancor lui uomo eccellentissimo, ed aveva in sè parti eccellentissime, che lo facevano ammirabile nel cospetto de' popoli, e grato a' soldati, perchè era uomo militare, sopportantissimo di ogni fatica, disprezzatore di ogni cibo delicato, e di ogni altra mollizie; la qual cosa lo faceva amare da tutti gli eserciti. Nondimeno la sua ferocia e crudeltà fu tanta e sì inaudita, per avere dopo molte occisioni particulari morto gran parte del Popolo di Roma, e tutto quello d'Alessandria, che diventò odiosissimo a tutto il mondo, e cominciò ad esser temuto da quelli ancora che egli aveva intorno, in modo che fu ammazzato da un centurione in mezzo del suo esercito. Dove è da notare che queste simili morti, le quali seguitano per deliberazione di un animo deliberato e ostinato, non si possono da' Principi evitare, perchè ciascuno che non si curi di morire, lo può fare; ma deve bene il Principe temerne meno, perchè le sono rarissime. Deve solo guardarsi di non fare ingiuria grave ad alcuno di coloro, de' quali si serve, e che egli ha d'intorno al servizio del suo Principato, come aveva fatto Antonino, il quale aveva morto contumeliosamente un fratello di quel centurione, e lui ogni giorno minacciava, e nientedimeno lo teneva a guardia del suo corpo: il che era partito temerario, e da rovinarvi, come gl'intervenne. ⟨Ma vegniamo a Commodo, al quale era facilità grande tenere l'Imperio, per averlo ereditario, essendo figliuolo di Marco; e solo gli bastava seguire le vestigia del padre, ed a' populi e a' soldati arebbe satisfatto; ma essendo di animo crudele e bestiale, per potere usare la sua rapacità ne' popoli, si volse ad intrattenere gli eserciti, e fargli licenziosi; dall'altra parte non tenendo la sua dignità, descendendo spesso nelli teatri a combattere con i gladiatori, e facendo altre cose vilissime, e poco degne della Maiestà Imperiale, diventò vile nel cospetto de' soldati; ed essendo odiato da una parte, e dall'altra disprezzato, fu conspirato contro di lui e morto.

Restaci a narrare le qualità di Massimino. Costui fu uomo bellicosissimo; ed essendo gli eserciti infastiditi dalla mollizie di Alessandro, del quale ho di sopra discorso, morto lui, lo elessero all'Imperio, il quale non molto tempo possedette, perchè due cose lo fecero odioso e disprezzato: l'una esser lui vilissimo per aver guardate le pecore in Tracia (la qual cosa era per tutto notissima, e gli faceva una gran dedignazione nel cospetto di ciascuno); l'altra, perchè avendo, nell'ingresso del suo Principato, differito l'andare a Roma, ed entrare nella possessione della sedia Imperiale, aveva dato opinione di crudelissimo, avendo per li suoi prefetti in Roma, e in qualunque luogo dell'Imperio esercitato molte crudeltà; a talchè commosso tutto il mondo dallo sdegno per la viltà del suo sangue, e dall'altra parte dallo odio per la paura della sua ferocia, prima l'Affrica, dipoi il Senato con tutto il Popolo di Roma, e tutta l'Italia gli cospirò contro; al che si aggiunse il suo proprio esercito, il quale campeggiando Aquileia, e trovando difficultà nell'espugnazione, infastidito della crudeltà sua, e, per vedergli tanti nimici, temendolo meno, lo ammazzò. ⟨Io non voglio ragionare nè di Eliogabalo, nè di Macrino, nè di Iuliano, i quali, per essere al tutto vili, si spensero subito; ma verrò alla conclusione di questo discorso; e dico, che li Principi de' nostri tempi hanno meno questa difficultà di satisfare straordinariamente a' soldati ne' governi loro, perchè nonostante che si abbi ad avere a quelli qualche considerazione, pure si risolve presto, per non avere alcuno di questi Principi eserciti insieme, che sieno inveterati con li governi ed amministrazioni delle provincie, come erano gli eserciti dell'Imperio Romano; e però se allora era necessario sodisfare a' soldati, più che a' popoli, era perchè i soldati potevano più, che i popoli; ora è più

all princes, except the Turk and the Soldan, to satisfy the people rather the soldiers, because the people are the more powerful.

From the above I have excepted the Turk, who always keeps round him twelve thousand infantry and fifteen thousand cavalry on which depend the security and strength of the kingdom, and it is necessary that, putting aside every consideration for the people, he should keep them his friends. The kingdom of the Soldan is similar; being entirely in the hands of soldiers, it follows again that, without regard to the people, he must keep them his friends. But you must note that the state of the Soldan is unlike all other principalities, for the reason that it is like the Christian pontificate, which cannot be called either an hereditary or a newly formed principality; because the sons of the old prince are not the heirs, but he who is elected to that position by those who have authority, and the sons remain only noblemen. And this being an ancient custom, it cannot be called a new principality, because there are none of those difficulties in it that are met with in new ones; for although the prince is new, the constitution of the state is old, and it is framed so as to receive him as if he were its hereditary lord.

But returning to the subject of our discourse, I say that whoever will consider it will acknowledge that either hatred or contempt has been fatal to the above-named emperors, and it will be recognized also how it happened that, a number of them acting in one way and a number in another, only one in each way came to a happy end and the rest to unhappy ones. Because it would have been useless and dangerous for Pertinax and Alexander, being new princes, to imitate Marcus, who was heir to the principality; and likewise it would have been utterly destructive to Caracalla, Commodus, and Maximinus to have imitated Severus, they not having sufficient valour to enable them to tread in his footsteps. Therefore a prince, new to the principality, cannot imitate the actions of Marcus, nor, again, is it necessary to follow those of Severus, but he ought to take from Severus those parts which are necessary to found his state, and from Marcus those which are proper and glorious to keep a state that may already be stable and firm.

necessario a tutti i Principi, eccetto che al Turco ed al Soldano, satisfare a' popoli, che a' soldati, perchè i popoli possono più, che quelli. ⦅Di che io ne eccettuo il Turco, tenendo sempre quello intorno dodicimila fanti e quindicimila cavalli, da' quali dipende la sicurtà e la fortezza del suo Regno; ed è necessario che posposto ogni altro rispetto de' popoli, se gli mantenga amici. Simile è il Regno del Soldano, quale essendo tutto in mano de' soldati, conviene che ancora lui, senza respetto de' popoli, se gli mantenga amici. Ed avete a notare, che questo Stato del Soldano è disforme da tutti gli altri Principati; perchè egli è simile al Pontificato Cristiano, il quale non si può chiamare nè Principato ereditario, nè Principato nuovo; perchè non i figliuoli del Principe morto rimangono eredi e signori, ma colui che è eletto a quel grado da coloro che ne hanno autorità. Ed essendo questo ordine anticato, non si può chiamare Principato nuovo; perchè in quello non sono alcune di quelle difficultà che sono ne' nuovi; perchè sebbene il Principe è nuovo, gli ordini di quello Stato sono vecchi, e ordinati a riceverlo come se fusse loro signore ereditario.

Ma, tornando alla materia nostra, dico, che qualunque considererà al sopraddetto discorso, vedrà o l'odio, o il dispregio essere stato causa della rovina di quelli Imperadori prenominati, e cognoscerà ancora donde nacque, che parte di loro procedendo in uno modo, e parte al contrario, in qualunque di quelli uno ebbe felice, e gli altri infelice fine; perchè a Pertinace ed Alessandro, per essere Principi nuovi, fu inutile e dannoso il volere imitare Marco, che era nel Principato ereditario; e similmente a Caracalla, Commodo e Massimino essere stata cosa perniziosa imitar Severo, per non avere avuto tanta virtù che bastasse a seguitare le vestigia sue. Pertanto un Principe nuovo in un Principato non può imitare le azioni di Marco, nè ancora è necessario imitare quelle di Severo; ma deve pigliare di Severo quelle parti che per fondare il suo Stato sono necessarie, e da Marco quelle che sono convenienti e gloriose a conservare uno Stato, che sia di già stabilito e fermo.

Chapter XX

Are fortresses, and many other things to which princes often resort, advantageous or hurtful?

1. Some princes, so as to hold securely the state, have disarmed their subjects; others have kept their subject towns distracted by factions; others have fostered enmities against themselves; others have laid themselves out to gain over those whom they distrusted in the beginning of their governments; some have built fortresses; some have overthrown and destroyed them. And although one cannot give a final judgment on all of these things unless one possesses the particulars of those states in which a decision has to be made, nevertheless I will speak as comprehensively as the matter of itself will admit.

2. There never was a new prince who has disarmed his subjects; rather when he has found them disarmed he has always armed them, because, by arming them, those arms become yours, those men who were distrusted become faithful, and those who were faithful are kept so, and your subjects become your adherents. And whereas all subjects cannot be armed, yet when those whom you do arm are benefited, the others can be handled more freely, and this difference in their treatment, which they quite understand, makes the former your dependents, and the latter, considering it to be necessary that those who have the most danger and service should have the most reward, excuse you. But when you disarm them, you at once offend them by showing that you distrust them, either for cowardice or for want of loyalty, and either of these opinions breeds hatred against you. And because you cannot remain unarmed, it follows that you turn to mercenaries, which are of the character already shown; even if they should be good they would not be sufficient to defend you against powerful enemies and distrusted subjects. Therefore, as I have said, a new prince in a new principality has always distributed arms. Histories are full of examples. But when a prince acquires a new state, which he adds as a province to his old one, then it is necessary to disarm the men of that state, except those who have been his adherents in acquiring it; and these again, with time and opportunity, should be rendered soft and effeminate; and matters should be managed in such a way that all the armed men in the state shall be your own soldiers who in your old state were living near you.

3. Our forefathers, and those who were reckoned wise, were accustomed to say that it was necessary to hold Pistoia by factions and Pisa by fortresses; and with this idea they fostered quarrels in some of their tributary towns so as to keep possession of them the more easily. This may have been well enough in those times when Italy was in a way balanced, but I do not believe that it can be accepted as a precept for to-day, because I do not believe that

Capitolo XX

Se le fortezze, e molte altre cose che spesse volte i Principi fanno,
sono utili o dannose.

Alcuni Principi, per tenere sicuramente lo Stato, hanno disarmato i loro sudditi; alcuni altri hanno tenuto divise in parti le terre suggette; alcuni altri hanno nutrito nimicizie contro a sè medesimi; alcuni altri si sono volti a guadagnarsi quelli che gli erano sospetti nel princi- pio del suo Stato; alcuni hanno edificato fortezze; alcuni le hanno rovinate e distrutte. E benchè di tutte queste cose non si possa dare determinata sentenzia, se non si viene su' par- ticulari di questi Stati, dove si avesse da pigliare alcuna simile deliberazione; nondimeno io parlerò in quel modo largo che la materia per sè medesima sopporta. ¶ Non fu mai adunque che un Principe nuovo disarmasse i suoi sudditi; anzi, quando gli ha trovati disarmati, gli ha sempre armati; perchè armandosi, quelle arme diventano tue; diventano fedeli quelli che ti sono sospetti; e quelli che erano fedeli, si mantengono; e gli sudditi tuoi si fanno tuoi partigi- ani. E perchè tutti i sudditi non si possono armare, quando si benefichino quelli che tu armi, con gli altri si può fare più sicurtà; e quella diversità del procedere che conoscono in loro, gli fa tuoi obbligati; quelli altri ti scusano, giudicando esser necessario quelli aver più merito che hanno più pericolo e più obbligo. Ma quando tu gli disarmi, tu incominci ad offendergli, e mostrare che tu abbi in loro diffidenza o per viltà, o per poca fede; e l'una e l'altra di queste opinioni concipe odio contro di te. E perchè tu non puoi stare disarmato, conviene che ti volti alla milizia mercenaria, della quale di sopra abbiam detto quale sia; e quando essa fusse buona, non può esser tanta, che ti difenda da' nimici potenti, e da' sudditi sospetti. Però, come io ho detto, un Principe nuovo in un nuovo Principato sempre vi ha ordinato l'arme. Di questi esempi son piene le istorie. Ma quando un Principe acquista uno Stato nuovo, che come membro si aggiunga al suo vecchio, allora è necessario disarmare quello Stato, eccetto quelli che nello acquistarlo si sono per te scoperti; e questi ancora con il tempo ed occasioni è necessario fargli molli ed effeminati, e ordinarsi in modo, che tutte l'arme del tuo Stato sieno in quelli soldati tuoi propri, che nello Stato tuo antico vivono appresso di te.

Solevano li antichi nostri, e quelli che erano stimati savi, dire, come era necessario tenere Pistoia con le parti, e Pisa con le fortezze; e per questo nutrivano in qualche terra lor suddita le differenze per possederla più facilmente. Questo, in quelli tempi che Italia era in un certo modo bilanciata, doveva essere ben fatto; ma non mi pare si possa dare oggi per pre- cetto; perchè io non credo che le divisioni fatte faccino mai bene alcuno; anzi è necessario,

factions can ever be of use; rather it is certain that when the enemy comes upon you in divided cities you are quickly lost, because the weakest party will always assist the outside forces and the other will not be able to resist. The Venetians, moved, as I believe, by the above reasons, fostered the Guelph and Ghibelline factions in their tributary cities; and although they never allowed them to come to bloodshed, yet they nursed these disputes amongst them, so that the citizens, distracted by their differences, should not unite against them. Which, as we saw, did not afterwards turn out as expected, because, after the rout at Vaila, one party at once took courage and seized the state. Such methods argue, therefore, weakness in the prince, because these factions will never be permitted in a vigorous principality; such methods for enabling one the more easily to manage subjects are only useful in times of peace, but if war comes this policy proves fallacious.

4. Without doubt princes become great when they overcome the difficulties and obstacles by which they are confronted, and therefore fortune, especially when she desires to make a new prince great, who has a greater necessity to earn renown than an hereditary one, causes enemies to arise and form designs against him, in order that he may have the opportunity of overcoming them, and by them to mount higher, as by a ladder which his enemies have raised. For this reason many consider that a wise prince, when he has the opportunity, ought with craft to foster some animosity against himself, so that, having crushed it, his renown may rise higher.

5. Princes, especially new ones, have found more fidelity and assistance in those men who in the beginning of their rule were distrusted than among those who in the beginning were trusted. Pandolfo Petrucci, Prince of Siena, ruled his state more by those who had been distrusted than by others. But on this question one cannot speak generally, for it varies so much with the individual; I will only say this, that those men who at the commencement of a princedom have been hostile, if they are of a description to need assistance to support themselves, can always be gained over with the greatest ease, and they will be tightly held to serve the prince with fidelity, inasmuch as they know it to be very necessary for them to cancel by deeds the bad impression which he had formed of them; and thus the prince always extracts more profit from them than from those who, serving him in too much security, may neglect his affairs. And since the matter demands it, I must not fail to warn a prince, who by means of secret favours has acquired a new state, that he must well consider the reasons which induced those to favour him who did so; and if it be not a natural affection towards him, but only discontent with their government, then he will only keep them friendly with great trouble and difficulty, for it will be impossible to satisfy them. And weighing well the reasons for this in those examples which can be taken from ancient and modern affairs, we shall find that it is easier for the prince to make friends of those men who were contented under the former government, and are therefore his enemies, than of those who, being discontented with it, were favourable to him and encouraged him to seize it.

6. It has been a custom with princes, in order to hold their states more securely, to build fortresses that may serve as a bridle and bit to those who might design to work against them, and as a place of refuge from a first attack. I praise this system because it has been made use of formerly. Notwithstanding that, Messer Nicolo Vitelli in our times has been seen to demolish two fortresses in Citta di Castello so that he might keep that state; Guido Ubaldo, Duke of Urbino, on returning to his dominion, whence he had been driven by Cesare Borgia,

quando il nimico si accosta, che le città divise si perdino subito; perchè sempre la parte più debole si accosterà alle forze esterne, e l'altra non potrà reggere. I Viniziani mossi, come io credo, dalle ragioni sopraddette, nutrivano le sette Guelfe e Ghibelline nelle città loro suddite; e benchè non gli lasciassino mai venire al sangue, pure nutrivano fra loro questi dispareri acciocchè, occupati quelli cittadini in quelle loro differenze, non si muovessero contro di loro. Il che, come si vide, non tornò poi loro a proposito; perchè, essendo rotti a Vailà, subito una parte di quelle prese ardire, e tolsono loro tutto lo Stato. Arguiscano pertanto simili modi debolezza del Principe; perchè in un Principato gagliardo mai si permetteranno tali divisioni; perchè le fanno solo profitto a tempo di pace, potendosi, mediante quelle, più facilmente maneggiare i sudditi; ma, venendo la guerra, mostra simile ordine la fallacia sua.

Sanza dubbio li Principi diventano grandi quando superano le difficultà e le opposizioni che son fatte loro; e però la fortuna, massime quando vuole far grande un Principe nuovo, il quale ha maggiore necessità di acquistare riputazione, che uno ereditario, gli fa nascere de' nimici, e gli fa fare delle imprese contro, acciocchè quello abbia cagione di superarle, e su per quella scala, che gli hanno portata i nimici suoi, salir più alto. E però molti giudicano che un Principe savio, quando ne abbia l'occasione, deve nutrirsi con astuzia qualche inimicizia, acciocchè, oppressa quella, ne seguiti maggiore sua grandezza. ⦅Hanno i Principi, e specialmente quelli che son nuovi, trovato più fede e più utilità in quelli uomini, che nel principio del loro Stato son tenuti sospetti, che in quelli che nel principio erano confidenti. Pandolfo Petrucci Principe di Siena reggeva lo Stato suo più con quelli che furono sospetti, che con gli altri. Ma di questa cosa non si può parlare largamente, perchè ella varia secondo il subietto; solo dirò questo, che quelli uomini che nel principio di un Principato erano stati nimici, che sono di qualità che a mantenersi abbino bisogno di appoggio, sempre il Principe con facilità grandissima se li potrà guadagnare; e loro maggiormente son forzati a servirlo con fede, quanto cognoscono essere loro più necessario cancellare con l'opere quella opinione sinistra che si aveva di loro; e così il Principe ne trae sempre più utilità, che di coloro, i quali, servendolo con troppa sicurtà, trascurano le cose sue. E poichè la materia lo ricerca, non voglio lasciare indietro il ricordare a un Principe che ha preso uno Stato di nuovo, mediante i favori intrinsechi di quello, che consideri bene qual cagione abbi mosso quelli che l'hanno favorito, a favorirlo; e se ella non è affezione naturale verso di quello, ma fusse solo perchè quelli non si contentavano di quello Stato, con fatica e difficultà grande se gli potrà mantenere amici; perchè e' fia impossibile che lui possa contentargli. E discorrendo bene con quelli esempi che dalle cose antiche e moderne si traggono la cagione di questo, vedrà esser molto più facile il guadagnarsi amici quelli uomini che dello Stato innanzi si contentavono, e però erano suoi nimici, che quelli, i quali, per non se ne contentare, gli diventarono amici, e favorironlo ad occuparlo.

È stata consuetudine de' Principi, per poter tenere più sicuramente lo Stato loro, edificare fortezze che sieno briglia e freno di quelli che disegnassino far loro contro, ed avere un rifugio sicuro da un primo impeto. Io lodo questo modo, perchè gli è usitato anticamente. Nondimeno Messer Niccolò Vitelli ne' tempi nostri si è visto disfare due fortezze in Città di Castello, per tener quello Stato. Guid'Ubaldo Duca di Urbino, ritornato nel suo Stato,

razed to the foundations all the fortresses in that province, and considered that without them it would be more difficult to lose it; the Bentivogli returning to Bologna came to a similar decision. Fortresses, therefore, are useful or not according to circumstances; if they do you good in one way they injure you in another. And this question can be reasoned thus: the prince who has more to fear from the people than from foreigners ought to build fortresses, but he who has more to fear from foreigners than from the people ought to leave them alone. The castle of Milan, built by Francesco Sforza, has made, and will make, more trouble for the house of Sforza than any other disorder in the state. For this reason the best possible fortress is—not to be hated by the people, because, although you may hold the fortresses, yet they will not save you if the people hate you, for there will never be wanting foreigners to assist a people who have taken arms against you. It has not been seen in our times that such fortresses have been of use to any prince, unless to the Countess of Forli,[42] when the Count Girolamo, her consort, was killed; for by that means she was able to withstand the popular attack and wait for assistance from Milan, and thus recover her state; and the posture of affairs was such at that time that the foreigners could not assist the people. But fortresses were of little value to her afterwards when Cesare Borgia attacked her, and when the people, her enemy, were allied with foreigners. Therefore, it would have been safer for her, both then and before, not to have been hated by the people than to have had the fortresses. All these things considered then, I shall praise him who builds fortresses as well as him who does not, and I shall blame whoever, trusting in them, cares little about being hated by the people.

---

42 Catherine Sforza, a daughter of Galeazzo Sforza and Lucrezia Landriani, born 1463, died 1509. It was to the Countess of Forli that Machiavelli was sent as envy on 1499. A letter from Fortunati to the countess announces the appointment: "I have been with the signori," wrote Fortunati, "to learn whom they would send and when. They tell me that Nicolo Machiavelli, a learned young Florentine noble, secretary to my Lords of the Ten, is to leave with me at once." Cf. "Catherine Sforza," by Count Pasolini, translated by P. Sylvester, 1898.

donde da Cesare Borgia era stato cacciato, rovinò da fondamenti tutte le fortezze di quella provincia; e giudicò senza quelle più difficilmente riperdere quello Stato. I Bentivogli, ritornati in Bologna, usarono simil termine. Sono adunque le fortezze utili o no, secondo li tempi; e se ti fanno bene in una parte, ti offendono in una altra. E puossi discorrere questa parte così. Quel Principe che ha più paura de' popoli, che de' forestieri, deve fare le fortezze; ma quello che ha più paura de' forestieri, che de' popoli, deve lasciarle indietro. Alla Casa Sforzesca ha fatto e farà più guerra il castello di Milano che vi edificò Francesco Sforza, che alcun altro disordine di quello Stato. Però la migliore fortezza che sia, è non essere odiato da' popoli; perchè ancora che tu abbi le fortezze, ed il popolo ti abbi in odio, le non ti salvano; perchè non mancano mai a' popoli, preso che egli hanno l'armi, forestieri che gli soccorrino. Ne' tempi nostri non si vede che quelle abbin fatto profitto ad alcun Principe, se non alla Contessa di Furlì quando fu morto il Conte Girolamo suo consorte; perchè, mediante quella, potè fuggire l'impeto popolare, ed aspettare il soccorso di Milano, e ricuperare lo Stato; e li tempi stavano allora in modo, che il forestiero non poteva soccorrere il popolo. Ma dipoi valsono ancor poco a lei, quando Cesare Borgia l'assaltò, e che il popolo nimico suo si congiunse col forestiero. Pertanto ed allora, e prima, saria stato più sicuro a lei non essere odiata dal popolo, che avere le fortezze. Considerate adunque queste cose, io loderò chi farà fortezze, e chi non le farà; e biasimerò qualunque, fidandosi delle fortezze, stimerà poco l'essere odiato da' popoli.

Chapter XXI

How a Prince should conduct himself so as to gain renown

Nothing makes a prince so much esteemed as great enterprises and setting a fine example. We have in our time Ferdinand of Aragon, the present King of Spain. He can almost
be called a new prince, because he has risen, by fame and glory, from being an insignificant
king to be the foremost king in Christendom; and if you will consider his deeds you will find
them all great and some of them extraordinary. In the beginning of his reign he attacked
Granada, and this enterprise was the foundation of his dominions. He did this quietly at first
and without any fear of hindrance, for he held the minds of the barons of Castile occupied in
thinking of the war and not anticipating any innovations; thus they did not perceive that by
these means he was acquiring power and authority over them. He was able with the money
of the Church and of the people to sustain his armies, and by that long war to lay the foundation for the military skill which has since distinguished him. Further, always using religion
as a plea, so as to undertake greater schemes, he devoted himself with pious cruelty to driv-
ing out and clearing his kingdom of the Moors; nor could there be a more admirable example,
nor one more rare. Under this same cloak he assailed Africa, he came down on Italy, he has finally attacked France; and thus his achievements and designs have always been great, and
have kept the minds of his people in suspense and admiration and occupied with the issue of
them. And his actions have arisen in such a way, one out of the other, that men have never
been given time to work steadily against him.

Again, it much assists a prince to set unusual examples in internal affairs, similar to
those which are related of Messer Bernabo da Milano, who, when he had the opportunity, by
any one in civil life doing some extraordinary thing, either good or bad, would take some
method of rewarding or punishing him, which would be much spoken about. And a prince
ought, above all things, always endeavour in every action to gain for himself the reputation of
being a great and remarkable man.

A prince is also respected when he is either a true friend or a downright enemy, that is
to say, when, without any reservation, he declares himself in favour of one party against the
other; which course will always be more advantageous than standing neutral; because if two
of your powerful neighbours come to blows, they are of such a character that, if one of them
conquers, you have either to fear him or not. In either case it will always be more advantageous for you to declare yourself and to make war strenuously; because, in the first case, if you
do not declare yourself, you will invariably fall a prey to the conqueror, to the pleasure and
satisfaction of him who has been conquered, and you will have no reasons to offer, nor

Capitolo XXI

Come si debba governare un Principe per acquistarsi riputazione.

Nissuna cosa fa tanto stimare un Principe, quanto fanno le grandi imprese, e il dare di sè esempi rari. Noi abbiamo nei nostri tempiFerrando Re d'Aragona, presente Re di Spagna. Costui si può chiamare quasi Principe nuovo, perchè d'un Re debole è diventato per fama e per gloria il primo Re dei Cristiani; e se considererete le azioni sue, le troverete tutte gran-dissime, e qualcuna straordinaria. Egli nel principio del suo regno assaltò la Granata, e quella impresa fu il fondamento dello Stato suo. In prima ei la fece ozioso, e senza sospetto di essere impedito; tenne occupati in quella gli animi de' Baroni di Castiglia, li quali pensando a quella guerra non pensavano ad innovare; e lui acquistava in questo mezzo riputazione ed imperio sopra di loro, che non se ne accorgevano. Potè nutrire, con danari della Chiesa e de' popoli, gli eserciti, e fare un fondamento con quella guerra lunga alla milizia, la quale dipoi lo ha onorato. Oltra questo, per potere intraprender maggiori imprese, servendosi sempre della Religione, si volse a una pietosa crudeltà, cacciando e spogliando il suo Regno de' Marrani; nè può essere questo esempio più mirabile, nè più raro. Assaltò sotto questo medesimo man-tello l'Affrica, fece l'impresa d'Italia, ha ultimamente assaltato la Francia, e così sempre or-dito cose grande, le quali sempre hanno tenuto sospesi ed ammirati gli animi de' sudditi, ed occupati nell'evento di esse. E sono nate queste sue azioni in modo l'una dall'altra, che non hanno dato mai spazio agli uomini di quietare ed operargli contro.

Giova ancora assai a un Principe dare di sè esempi rari circa il governo di dentro, simili a quelli che si narrano di Messer Bernabò di Milano, quando si ha l'occasione di qualcuno che operi qualche cosa straordinaria o in bene o in male nella vita civile, e trovare un modo circa il premiarlo o punirlo, di che s'abbi a parlare assai. E soprattutto un Principe si debbe ingeg-nare dare di sè in ogni sua azione fama di grande ed eccellente. È ancora stimato un Prin-cipe quando egli è vero amico, o vero nimico, cioè quando senza alcun rispetto si scuopre in favore di alcuno contro un altro; il qual partito fia sempre più utile, che star neutrale; perchè se duoi potenti tuoi vicini vengono alle mani, o essi sono di qualità che vincendo un di quelli tu abbi da temere del vincitore, o no. In qualunque di questi duoi casi ti sarà sempre più utile lo scuoprirti, e far buona guerra; perchè nel primo caso se tu non ti scuopri sarai sempre preda di chi vince con piacere e satisfazione di colui che è stato vinto, e non arai ragione nè

anything to protect or to shelter you. Because he who conquers does not want doubtful friends who will not aid him in the time of trial; and he who loses will not harbour you because you did not willingly, sword in hand, court his fate.

Antiochus went into Greece, being sent for by the Aetolians to drive out the Romans. He sent envoys to the Achaeans, who were friends of the Romans, exhorting them to remain neutral; and on the other hand the Romans urged them to take up arms. This question came to be discussed in the council of the Achaeans, where the legate of Antiochus urged them to stand neutral. To this the Roman legate answered: "As for that which has been said, that it is better and more advantageous for your state not to interfere in our war, nothing can be more erroneous; because by not interfering you will be left, without favour or consideration, the guerdon of the conqueror." Thus it will always happen that he who is not your friend will demand your neutrality, whilst he who is your friend will entreat you to declare yourself with arms. And irresolute princes, to avoid present dangers, generally follow the neutral path, and are generally ruined. But when a prince declares himself gallantly in favour of one side, if the party with whom he allies himself conquers, although the victor may be powerful and may have him at his mercy, yet he is indebted to him, and there is established a bond of amity; and men are never so shameless as to become a monument of ingratitude by oppressing you. Victories after all are never so complete that the victor must not show some regard, especially to justice. But if he with whom you ally yourself loses, you may be sheltered by him, and whilst he is able he may aid you, and you become companions on a fortune that may rise again.

In the second case, when those who fight are of such a character that you have no anxiety as to who may conquer, so much the more is it greater prudence to be allied, because you assist at the destruction of one by the aid of another who, if he had been wise, would have saved him; and conquering, as it is impossible that he should not do with your assistance, he remains at your discretion. And here it is to be noted that a prince ought to take care never to make an alliance with one more powerful than himself for the purposes of attacking others, unless necessity compels him, as is said above; because if he conquers you are at his discretion, and princes ought to avoid as much as possible being at the discretion of any one. The Venetians joined with France against the Duke of Milan, and this alliance, which caused their ruin, could have been avoided. But when it cannot be avoided, as happened to the Florentines when the Pope and Spain sent armies to attack Lombardy, then in such a case, for the above reasons, the prince ought to favour one of the parties.

Never let any Government imagine that it can choose perfectly safe courses; rather let it expect to have to take very doubtful ones, because it is found in ordinary affairs that one never seeks to avoid one trouble without running into another; but prudence consists in knowing how to distinguish the character of troubles, and for choice to take the lesser evil.

A prince ought also to show himself a patron of ability, and to honour the proficient in every art. At the same time he should encourage his citizens to practise their callings peaceably, both in commerce and agriculture, and in every other following, so that the one should not be deterred from improving his possessions for fear lest they be taken away from him or another from opening up trade for fear of taxes; but the prince ought to offer rewards to whoever wishes to do these things and designs in any way to honour his city or state.

cosa alcuna che ti difenda, nè chi ti riceva. Perchè chi vince non vuole amici sospetti, e che nelle avversità non l'aiutino; chi perde non ti riceve, per non aver tu voluto con l'armi in mano correre la fortuna sua.

Era passato Antioco in Grecia, messovi dagli Etoli per cacciarne i Romani. Mandò Antioco oratori agli Achei, che erano amici de' Romani, a confortarli a star di mezzo; e dall'altra parte i Romani gli persuadevano a pigliare l'armi per loro. Venne questa cosa a deliberarsi nel concilio degli Achei, dove il legato d'Antioco gli persuadeva a stare neutrali; a che il legato Romano rispose: Quanto alla parte, che si dice essere ottimo ed utilissimo allo Stato vostro il non v'intromettere nella guerra nostra, niente vi è più contrario; imperocchè, non vi ci intromettendo, senza grazia e senza riputazione alcuna resterete premio del vincitore. E sempre interverrà, che quello che non è ti amico, ti richiederà della neutralità, e quello che ti è amico, ti ricercherà che ti scuopra con l'armi. E li Principi mal risoluti, per fuggire i presenti pericoli, seguono il più delle volte quella via neutrale, ed il più delle volte rovinano. Ma quando il Principe si scuopre gagliardamente in favore di una parte, se colui, con chi tu aderisci, vince, ancorachè sia potente e che tu rimanga a sua discrezione, egli ha teco obbligo, e vi è contratto l'amore, e gli uomini non sono mai sì disonesti, che con tanto esempio d'ingratitudine ti opprimessero. Dipoi le vittorie non sono mai sì prospere, che il vincitore non abbia ad avere qualche rispetto; e massime alla giustizia. Ma se quello, con il quale tu aderisci, perde, tu sei ricevuto da lui; e, mentre che può, ti aiuta, e diventi compagno di una fortuna che può risurgere. ¶Nel secondo caso quando quelli che combattono insieme sono di qualità, che tu non abbia da temere di quello che vince, tantopiù è gran prudenza lo aderire; perchè tu vai alla rovina d'uno con l'aiuto di chi lo dovrebbe salvare, se fusse savio, e vincendo rimane alla tua discrezione, ed è impossibile con l'aiuto tuo non vinca. E qui è da notare, che un Principe deve avvertire non far mai compagnia con uno più potente di sè per offendere altri, se non quando la necessità lo strigne, come di sopra si dice; perchè, vincendo lui, tu rimani a sua discrezione, e li Principi debbono fuggire quanto possono lo stare a discrezione d'altri. I Viniziani si accompagnarono con Francia contro al Duca di Milano, e potevano fuggire di non fare quella compagnia; di che ne risultò la rovina loro. Ma quando non si può fuggirla, come intervenne a' Fiorentini quando il Papa e Spagna andarono con gli eserciti ad assaltare la Lombardia, allora vi deve il Principe aderire per le sopradette ragioni. ¶Nè creda mai alcuno Stato poter pigliare partiti sicuri; anzi pensi d'avere a prenderli tutti dubbi; perchè si trova questo nell'ordine delle cose, che mai si cerca fuggire uno inconveniente, che non s'incorra in un altro: ma la prudenza consiste in saper cognoscere la qualità degli inconvenienti, e prendere il manco tristo per buono.

Deve ancora un Principe mostrarsi amatore delle virtù, e onorare gli eccellenti in ciascuna arte. Appresso deve animare i suoi cittadini di poter quietamente esercitare gli esercizi loro e nella mercanzia, e nell'agricoltura, ed in ogni altro esercizio degli uomini, acciocchè quello non si astenga di ornare le sue possessioni per timore che non gli sieno tolte, e quell'altro di aprire un traffico per paura delle taglie; ma deve preparare premi a chi vuol fare queste cose, ed a qualunque pensa in qualunque modo di ampliare la sua città o il suo Stato. ¶Deve

Further, he ought to entertain the people with festivals and spectacles at convenient seasons of the year; and as every city is divided into guilds or into societies, [43] he ought to hold such bodies in esteem, and associate with them sometimes, and show himself an example of courtesy and liberality; nevertheless, always maintaining the majesty of his rank, for this he must never consent to abate in anything.

---

43 "Guilds or societies," "in arti o in tribu." *Arti* were craft or trade guilds, cf. Florio: "Arte...a whole company of any trade in any city or corporation town." The guilds of Florence are most admirably described by Mr Edgcumbe Staley in his work on the subject (Methuen, 1906). Institutions of a somewhat similar character, called *artel*, exist in Russia to-day, cf. Sir Mackenzie Wallace's *Russia*, ed. 1905: "The sons...were always during the working season members of an artel. In some of the larger towns there are artels of a much more complex kind—permanent associations, possessing large capital, and pecuniarily responsible for the acts of the individual members." The word *artel*, despite its apparent similarity, has, Mr Aylmer Maude assures me, no connection with *ars* or *arte*. Its root is that of the verb *rotisya*, to bind oneself by an oath; and it is generally admitted to be only another form of *rota*, which now signifies a *regimental company*. In both words the underlying idea is that of a body of men united by an oath. *Tribu* were possibly gentile groups, united by common descent, and included individuals connected by marriage. Perhaps our words *septs* or *clans* would be most appropriate.

oltre a questo ne' tempi convenienti dell'anno tenere occupati li popoli con le feste e spettacoli; e perchè ogni città è divisa o in arti o in tribù, deve tenere conto di quelle università, ragunarsi con loro qualche volta, dare di sè esempio di umanità e di magnificenza; tenendo nondimeno sempre ferma la maestà della dignità sua; perchè questo non si vuole mai che manchi in cosa alcuna.

Chapter XXII

Concerning the secretaries of Princes

The choice of servants is of no little importance to a prince, and they are good or not according to the discrimination of the prince. And the first opinion which one forms of a prince, and of his understanding, is by observing the men he has around him; and when they are capable and faithful he may always be considered wise, because he has known how to recognize the capable and to keep them faithful. But when they are otherwise one cannot form a good opinion of him, for the prime error which he made was in choosing them.

There were none who knew Messer Antonio da Venafro as the servant of Pandolfo Petrucci, Prince of Siena, who would not consider Pandolfo to be a very clever man in having Venafro for his servant. Because there are three classes of intellects: one which comprehends by itself; another which appreciates what others comprehended; and a third which neither comprehends by itself nor by the showing of others; the first is the most excellent, the second is good, the third is useless. ⟨Therefore, it follows necessarily that, if Pandolfo was not in the first rank, he was in the second, for whenever one has judgment to know good and bad when it is said and done, although he himself may not have the initiative, yet he can recognize the good and the bad in his servant, and the one he can praise and the other correct; thus the servant cannot hope to deceive him, and is kept honest.

But to enable a prince to form an opinion of his servant there is one test which never fails; when you see the servant thinking more of his own interests than of yours, and seeking inwardly his own profit in everything, such a man will never make a good servant, nor will you ever be able to trust him; because he who has the state of another in his hands ought never to think of himself, but always of his prince, and never pay any attention to matters in which the prince is not concerned.

On the other hand, to keep his servant honest the prince ought to study him, honouring him, enriching him, doing him kindnesses, sharing with him the honours and cares; and at the same time let him see that he cannot stand alone, so that many honours may not make him desire more, many riches make him wish for more, and that many cares may make him dread chances. When, therefore, servants, and princes towards servants, are thus disposed, they can trust each other, but when it is otherwise, the end will always be disastrous for either one or the other.

Capitolo XXII

Delli segretari de' Principi.

Non è di poca importanza a un Principe la elezione de' ministri, li quali sono buoni o no, secondo la prudenza del Principe. E la prima coniettura che si fa di un signore, e del cervel suo, è vedere gli uomini che lui ha d'intorno; e quando sono sufficienti e fedeli, sempre si può riputarlo savio, perchè ha saputo cognoscergli sufficienti e mantenerseli fedeli. Ma quando si-ano altrimenti, sempre si può fare non buono giudizio di lui; perchè il primo errore che e' fa, lo fa in questa elezione. ⦅Non era alcuno che cognoscesse Messer Antonio da Venafro per ministro diPandolfo Petrucci Principe di Siena, che non giudicasse Pandolfo essere pruden-tissimo uomo, avendo quello per suo ministro. E perchè sono di tre generazioni cervelli; l'uno intende per sè, l'altro intende quanto da altri gli è mostro, il terzo non intende nè sè stesso nè per dimostrazione d'altri. Quel primo è eccellentissimo, il secondo eccellente, il terzo inutile.

Conveniva pertanto di necessità, che se Pandolfo non era nel primo grado, fusse nel secondo; perchè ogni volta che uno ha giudicio di cognoscere il bene ed il male che un fa e dice, ancorachè da sè non abbia invenzione, cognosce le opere triste e le buone del ministro, e quelle esalta e le altre corregge; ed il ministro non può sperare d'ingannarlo, e mantiensi buono. ⦅Ma come un Principe possa cognoscere il ministro, ci è questo modo che non falla mai. Quando tu vedi il ministro pensare più a sè, che a te, e che in tutte le azioni vi ricerca l'utile suo, questo tale così fatto mai non fia buon ministro, nè mai te ne potrai fidare; perchè quello che ha lo Stato di uno in mano, non deve mai pensare a sè, ma al Principe; e non gli ri-cordare mai cosa, che non appartenga a lui. ⦅E dall'altra parte il Principe per mantenerlo buono deve pensare al ministro, onorandolo, facendolo ricco, obbligandoselo, partecipan-dogli gli onori e carichi, acciocchè li assai onori, le assai ricchezze concessegli siano causa che egli non desideri altri onori, e ricchezze; e gli assai carichi gli faccino temere le mutazioni, cognoscendo non poter reggersi senza lui. Quando adunque i Principi e li ministri sono così fatti, possono confidare l'uno dell'altro; quando altrimenti, il fine sarà sempre dannoso o per l'uno, o per l'altro.

Chapter XXIII

How flatterers should be avoided

I do not wish to leave out an important branch of this subject, for it is a danger from which princes are with difficulty preserved, unless they are very careful and discriminating. It is that of flatterers, of whom courts are full, because men are so self-complacent in their own affairs, and in a way so deceived in them, that they are preserved with difficulty from this pest, and if they wish to defend themselves they run the danger of falling into contempt. Because there is no other way of guarding oneself from flatterers except letting men understand that to tell you the truth does not offend you; but when every one may tell you the truth, respect for you abates.

Therefore a wise prince ought to hold a third course by choosing the wise men in his state, and giving to them only the liberty of speaking the truth to him, and then only of those things of which he inquires, and of none others; but he ought to question them upon everything, and listen to their opinions, and afterwards form his own conclusions. With these councillors, separately and collectively, he ought to carry himself in such a way that each of them should know that, the more freely he shall speak, the more he shall be preferred; outside of these, he should listen to no one, pursue the thing resolved on, and be steadfast in his resolutions. He who does otherwise is either overthrown by flatterers, or is so often changed by varying opinions that he falls into contempt.

I wish on this subject to adduce a modern example. Fra Luca, the man of affairs to Maximilian,[44] the present emperor, speaking of his majesty, said: He consulted with no one, yet never got his own way in anything. This arose because of his following a practice the opposite to the above; for the emperor is a secretive man—he does not communicate his designs to any one, nor does he receive opinions on them. But as in carrying them into effect they become revealed and known, they are at once obstructed by those men whom he has around him, and he, being pliant, is diverted from them. Hence it follows that those things he does one day he undoes the next, and no one ever understands what he wishes or intends to do, and no one can rely on his resolutions.

A prince, therefore, ought always to take counsel, but only when he wishes and not when others wish; he ought rather to discourage every one from offering advice unless he asks it; but, however, he ought to be a constant inquirer, and afterwards a patient listener

---

44 Maximilian I, born in 1459, died 1519, Emperor of the Holy Roman Empire. He married, first, Mary, daughter of Charles the Bold; after her death, Bianca Sforza; and thus became involved in Italian politics.

Capitolo XXIII

Come si debbino fuggire gli adulatori.

Non voglio lasciare indietro un capo importante, ed un errore, dal quale i Principi con difficultà si difendono, se non sono prudentissimi, o se non hanno buona elezione. E questo è quello degli adulatori, delli quali le corti sono piene, perchè gli uomini si compiacciono tanto nelle cose lor proprie, e in modo vi s'ingannano, che con difficultà si difendono da questa peste; ed a volersene difendere si porta pericolo di non diventare disprezzato. Perchè non ci è altro modo a guardarsi dalle adulazioni, se non che gli uomini intendino che non ti offendono a dirti il vero; ma quando ciascuno può dirti il vero, ti manca la riverenza. ([Pertanto un Principe prudente deve tenere un terzo modo, eleggendo nel suo Stato uomini savi, e solo a quelli deve dare libero arbitrio a parlargli la verità, e di quelle cose sole che lui domanda, e non di altro; ma deve domandargli di ogni cosa, e udire le opinioni loro, dipoi deliberare da sè a suo modo; e con questi consigli, e con ciascun di loro portarsi in modo, che ognuno conosca che quanto più liberamente si parlerà, tanto più gli sarà accettato; fuori di quelli, non volere udire alcuno, andar dietro alla cosa deliberata, ed essere ostinato nelle deliberazioni sue. Chi fa altrimenti o precipita per gli adulatori, o si muta spesso per la variazione de' pareri; di che nasce la poca estimazione sua. ([Io voglio a questo proposito addurre un esempio moderno. Pre' Luca, uomo di Massimiliano presente Imperatore, parlando di sua Maestà, disse, come non si consigliava con persona, e non faceva mai d'alcuna cosa a suo modo; il che nasceva dal tenere contrario termine al sopradetto; perchè l'Imperatore è uomo segreto, non comunica li suoi segreti con persona, non ne piglia parere. Ma come nel mettergli ad effetto s'incominciano a conoscere e scuoprire, gl'incominciano ad esser contradetti da coloro che egli ha d'intorno, e quello come facile se ne stoglie. Di qui nasce che quelle cose che fa l'un giorno, distrugge l'altro; e che non s'intenda mai quello che vogli, o disegni fare, e che sopra le sue deliberazioni non si può fondare.

Un Principe pertanto deve consigliarsi sempre, ma quando lui vuole, non quando altri vuole; anzi deve torre animo a ciascuno di consigliarlo d'alcuna cosa, se non gliene domanda; ma lui deve ben essere largo domandatore, e dipoi, circa le cose domandate, paziente

concerning the things of which he inquired; also, on learning that nay one, on any consideration, has not told him the truth, he should let his anger be felt.

And if there are some who think that a prince who conveys an impression of his wisdom is not so through his own ability, but through the good advisers that he has around him,
beyond doubt they are deceived, because this is an axiom which never fails: that a prince
who is not wise himself will never take good advice, unless by chance he has yielded his affairs entirely to one person who happens to be a very prudent man. In this case indeed he
may be well governed, but it would not be for long, because such a governor would in a short
time take away his state from him.

But if a prince who is not inexperienced should take counsel from more than one he will
never get united counsels, nor will he know how to unite them. Each of the counsellors will
think of his own interests, and the prince will not know how to control them or to see
through them. And they are not to found otherwise, because men will always prove untrue
to you unless they are kept honest by constraint. Therefore it must be inferred that good
counsels, whencesoever they come, are born of the wisdom of the prince, and not the wisdom of the prince from good counsels.

auditore del vero; anzi intendendo che alcuno per qualche rispetto non gliene dica, turbarsene. ⟨E perchè molti stimano che alcun Principe, il quale dà di sè opinione di prudente, sia così tenuto non per sua natura, ma per li buoni consigli che lui ha d'intorno, senza dubbio s'ingannano; perchè questa non falla mai, ed è regola generale, che un Principe, il quale non sia savio per sè stesso, non può essere consigliato bene, se già a sorte non si rimettesse in un solo che al tutto lo governasse, che fusse uomo prudentissimo. In questo caso potria bene essere ben governato, ma durerebbe poco, perchè quello governatore in breve tempo gli torrebbe lo Stato; ⟨ma consigliandosi con più d'uno, un Principe che non sia savio, non arà mai uniti consigli, nè saprà per sè stesso unirgli. Dei consiglieri ciascuno penserà alla proprietà sua; ed egli non gli saprà correggere, nè cognoscere. E non si possono trovare altrimenti, perchè gli uomini sempre ti riusciranno tristi, se da una necessità non sono fatti buoni. Però si conchiude che li buoni consigli, da qualunque venghino, conviene naschino dalla prudenza del Principe, e non la prudenza del Principe da' buoni consigli.

Chapter XXIV

Why the Princes of Italy have lost their States

The previous suggestions, carefully observed, will enable a new prince to appear well established, and render him at once more secure and fixed in the state than if he had been long seated there. For the actions of a new prince are more narrowly observed than those of an hereditary one, and when they are seen to be able they gain more men and bind far tighter than ancient blood; because men are attracted more by the present than by the past, and when they find the present good they enjoy it and seek no further; they will also make the utmost defence of a prince if he fails them not in other things. Thus it will be a double glory for him to have established a new principality, and adorned and strengthened it with good laws, good arms, good allies, and with a good example; so will it be a double disgrace to him who, born a prince, shall lose his state by want of wisdom.

And if those seigniors are considered who have lost their states in Italy in our times, such as the King of Naples, the Duke of Milan, and others, there will be found in them, firstly, one common defect in regard to arms from the causes which have been discussed at length; in the next place, some one of them will be seen, either to have had the people hostile, or if he has had the people friendly, he has not known how to secure the nobles. In the absence of these defects states that have power enough to keep an army in the field cannot be lost.

Philip of Macedon, not the father of Alexander the Great, but he who was conquered by Titus Quintius, had not much territory compared to the greatness of the Romans and of Greece who attacked him, yet being a warlike man who knew how to attract the people and secure the nobles, he sustained the war against his enemies for many years, and if in the end he lost the dominion of some cities, nevertheless he retained the kingdom.

Therefore, do not let our princes accuse fortune for the loss of their principalities after so many years' possession, but rather their own sloth, because in quiet times they never thought there could be a change (it is a common defect in man not to make any provision in the calm against the tempest), and when afterwards the bad times came they thought of flight and not of defending themselves, and they hoped that the people, disgusted with the insolence of the conquerors, would recall them. This course, when others fail, may be good, but it is very bad to have neglected all other expedients for that, since you would never wish to fall because you trusted to be able to find someone later on to restore you. This again either does not happen, or, if it does, it will not be for your security, because that deliverance is of no avail which does not depend upon yourself; those only are reliable, certain, and durable that depend on yourself and your valour.

Capitolo XXIV

Perchè i Principi d'Italia abbino perduto i loro Stati.

Le cose sopradette osservate prudentemente fanno parere un Principe nuovo antico; e lo rendono subito più sicuro e più fermo nello Stato, che se vi fosse anticato dentro. Perchè un Principe nuovo è molto più osservato nelle sue azioni, che uno ereditario; e quando le son cognosciute virtuose, si guadagnano molto più gli uomini, e molto più gli obbligano, che il sangue antico; perchè gli uomini sono molto più presi dalle cose presenti, che dalle passate, e quando nelle presenti ei trovano il bene, vi si godono, e non cercano altro; anzi pigliano ogni difesa di lui, quando il Principe non manchi nelle altre cose a sè medesimo. E così arà duplicata gloria di aver dato principio a un Principato nuovo, ed ornatolo, e corroboratolo di buone leggi, di buone armi, di buoni amici, e di buoni esempi; come quello arà duplicata vergogna, che è nato Principe, e per sua poca prudenza l'ha perduto. ¶ E se si considera quelli Signori che in Italia hanno perduto lo Stato ne' nostri tempi, come il Re di Napoli, Duca di Milano, e altri, si troverà in loro prima un comune difetto quanto all'armi, per le cagioni che di sopra a lungo si sono discorse; dipoi si vedrà alcun di loro o che arà avuto nimici i popoli, o se arà avuto amico il popolo, non si sarà saputo assicurare de' grandi; perchè senza questi difetti non si perdono gli Stati, che abbino tanto nervi, che possino tenere un esercito alla campagna.

Filippo Macedone, non il padre di Alessandro Magno, ma quello che fu da Tito Quinzio vinto, aveva non molto Stato rispetto alla grandezza de' Romani, e di Grecia, che l'assaltò; nientedimeno, per essere uomo militare, e che sapeva intrattenere i popoli, ed assicurarsi de' grandi, sostenne più anni la guerra contro di quelli; e se alla fine perdè il dominio di qualche città, gli rimase nondimanco il Regno. ¶ Pertanto questi nostri Principi, i quali molti anni erano stati nel loro Principato, per averlo dipoi perso, non accusino la fortuna, ma l'ignavia loro; perchè non avendo mai pensato ne' tempi quieti che possino mutarsi; (il che è comune difetto degli uomini non far conto nella bonaccia della tempesta) quando poi vennero i tempi avversi, pensarono a fuggirsi, non a difendersi, e sperarono che i populi, infastiditi per la insolenza de' vincitori, gli richiamassero. Il quale partito, quando mancano li altri, è buono; ma è ben male avere lasciato gli altri rimedi per quello; perchè non si vorrebbe mai cadere per credere poi di trovare chi ti ricolga. Il che, o non avviene, o se egli avviene, non è con tua sicurtà, per essere quella difesa vile, e non dipendere da te; e quelle difese solamente sono buone, certe, e durabili, che dipendono da te proprio, e dalla virtù tua.

Chapter XXV

What fortune can effect in human affairs and how to withstand her

It is not unknown to me how many men have had, and still have, the opinion that the affairs of the world are in such wise governed by fortune and by God that men with their wisdom cannot direct them and that no one can even help them; and because of this they would have us believe that it is not necessary to labour much in affairs, but to let chance govern them. This opinion has been more credited in our times because of the great changes in affairs which have been seen, and may still be seen, every day, beyond all human conjecture. Sometimes pondering over this, I am in some degree inclined to their opinion. Nevertheless, not to extinguish our free will, I hold it to be true that Fortune is the arbiter of one-half of our actions,[45] but that she still leaves us to direct the other half, or perhaps a little less.

I compare her to one of those raging rivers, which when in flood overflows the plains, sweeping away trees and buildings, bearing away the soil from place to place; everything flies before it, all yield to its violence, without being able in any way to withstand it; and yet, though its nature be such, it does not follow therefore that men, when the weather becomes fair, shall not make provision, both with defences and barriers, in such a manner that, rising again, the waters may pass away by canal, and their force be neither so unrestrained nor so dangerous. ⸿So it happens with fortune, who shows her power where valour has not prepared to resist her, and thither she turns her forces where she knows that barriers and defences have not been raised to constrain her.

And if you will consider Italy, which is the seat of these changes, and which has given to them their impulse, you will see it to be an open country without barriers and without any defence. For if it had been defended by proper valour, as are Germany, Spain, and France, either this invasion would not have made the great changes it has made or it would not have come at all. And this I consider enough to say concerning resistance to fortune in general.

But confining myself more to the particular, I say that a prince may be seen happy to-day and ruined to-morrow without having shown any change of disposition or character. This, I believe, arises firstly from causes that have already been discussed at length, namely, that the prince who relies entirely on fortune is lost when it changes. I believe also that he will be successful who directs his actions according to the spirit of the times, and that he whose actions do not accord with the times will not be successful. Because men are seen, in affairs that lead to the end which every man has before him, namely, glory and riches, to get there by

---

45 Frederick the Great was accustomed to say: "The older one gets the more convinced one becomes that his Majesty King Chance does three-quarters of the business of this miserable universe." Sorel's *Eastern Question.*

Capitolo XXV

Quanto possa nelle umane cose la fortuna, e in che modo se gli possa ostare.

Non mi è incognito, come molti hanno avuto e hanno opinione, che le cose del mondo siano in modo governate dalla fortuna, e da Dio, che gli uomini con la prudenza loro non possino correggerle, anzi non vi abbino rimedio alcuno; e per questo potrebbono giudicare che non fusse da insudare molto nelle cose, ma lasciarsi governare dalla sorte. Questa opinione è suta più creduta ne' nostri tempi per la variazione delle cose grandi che si sono viste, e veggonsi ogni dì fuori di ogni umana coniettura. A che pensando io qualche volta, sono in qualche parte inchinato nella opinione loro. Nondimanco, perchè il nostro libero arbitrio non sia spento, giudico potere esser vero, che la fortuna sia arbitra della metà delle azioni nostre, ma che ancora ella ne lasci governare l'altra metà, o poco meno, a noi. ℂ Ed assomiglio quella ad fiume rovinoso, che quando ei si adira, allaga i piani, rovina gli arbori e gli edifici, lieva da questa parte terreno, ponendolo a quell'altra; ciascuno gli fugge davanti, ognuno cede al suo furore, senza potervi ostare; e benchè sia così fatto, non resta però che gli uomini, quando sono tempi quieti, non vi possino fare provvedimenti e con ripari, e con argini, immodochè crescendo poi, o egli andrebbe per un canale, o l'impeto suo non sarebbe sì licenzioso, nè sì dannoso.

Similmente interviene della fortuna, la quale dimostra la sua potenzia dove non è ordinata virtù a resistere, e quivi volta i suoi impeti, dove la sa che non sono fatti gli argini, nè i ripari a tenerla. ℂ E se voi considererete l'Italia, che è la sede di queste variazioni, e quella che ha dato loro il moto, vedrete essere una campagna senza argini, e senza alcun riparo. Che se la fusse riparata da conveniente virtù, come è la Magna, la Spagna, e la Francia, questa inondazione non avrebbe fatto le variazioni grandi che l'ha, o la non ci sarebbe venuta. E questo voglio basti aver detto quanto all'opporsi alla fortuna in universale. ℂ Ma restringendomi più al particulare, dico, come si vede oggi questo Principe felicitare, e domani rovinare, senza vederli aver mutato natura o qualità alcuna. Il che credo nasca prima dalle cagioni che si sono lungamente per lo addietro trascorse; cioè, che quel Principe che si appoggia tutto in sulla fortuna, rovina come quella varia. Credo ancora, che sia felice quello, il modo del cui procedere suo si riscontra con la qualità de' tempi, e similmente sia infelice quello, dal cui procedere si discordano i tempi. Perchè si vede gli uomini nelle cose che gl'inducono al fine, quale ciascuno ha innanzi, cioè gloria e ricchezze, procedervi variamente, l'uno con rispetti,

various methods; one with caution, another with haste; one by force, another by skill; one by patience, another by its opposite; and each one succeeds in reaching the goal by a different method. One can also see of two cautious men the one attain his end, the other fail; and similarly, two men by different observances are equally successful, the one being cautious, the other impetuous; all this arises from nothing else than whether or not they conform in their methods to the spirit of the times. This follows from what I have said, that two men working differently bring about the same effect, and of two working similarly, one attains his object and the other does not.

Changes in estate also issue from this, for if, to one who governs himself with caution and patience, times and affairs converge in such a way that his administration is successful, his fortune is made; but if times and affairs change, he is ruined if he does not change his course of action. But a man is not often found sufficiently circumspect to know how to accommodate himself to the change, both because he cannot deviate from what nature inclines him to do, and also because, having always prospered by acting in one way, he cannot be persuaded that it is well to leave it; and, therefore, the cautious man, when it is time to turn adventurous, does not know how to do it, hence he is ruined; but had he changed his conduct with the times fortune would not have changed.

Pope Julius the Second went to work impetuously in all his affairs, and found the times and circumstances conform so well to that line of action that he always met with success. Consider his first enterprise against Bologna, Messer Giovanni Bentivogli being still alive. The Venetians were not agreeable to it, nor was the King of Spain, and he had the enterprise still under discussion with the King of France; nevertheless he personally entered upon the expedition with his accustomed boldness and energy, a move which made Spain and the Venetians stand irresolute and passive, the latter from fear, the former from desire to recover the kingdom of Naples; on the other hand, he drew after him the King of France, because that king, having observed the movement, and desiring to make the Pope his friend so as to humble the Venetians, found it impossible to refuse him. ❦ Therefore Julius with his impetuous action accomplished what no other pontiff with simple human wisdom could have done; for if he had waited in Rome until he could get away, with his plans arranged and everything fixed, as any other pontiff would have done, he would never have succeeded. Because the King of France would have made a thousand excuses, and the others would have raised a thousand fears.

I will leave his other actions alone, as they were all alike, and they all succeeded, for the shortness of his life did not let him experience the contrary; but if circumstances had arisen which required him to go cautiously, his ruin would have followed, because he would never have deviated from those ways to which nature inclined him.

I conclude, therefore that, fortune being changeful and mankind steadfast in their ways, so long as the two are in agreement men are successful, but unsuccessful when they fall out. For my part I consider that it is better to be adventurous than cautious, because fortune is a woman, and if you wish to keep her under it is necessary to beat and ill-use her; and it is seen that she allows herself to be mastered by the adventurous rather than by those who go to work more coldly. She is, therefore, always, woman-like, a lover of young men, because they are less cautious, more violent, and with more audacity command her.

l'altro con impeto; l'uno per violenza, l'altro per arte; l'uno con pazienza, l'altro col suo contrario; e ciascuno con questi diversi modi vi può pervenire. E vedesi ancora duoi respettivi, l'uno pervenire al suo disegno, l'altro no; e similmente duoi equalmente felicitare con due diversi studi, essendo l'uno respettivo, l'altro impetuoso; il che non nasce da altro, se non da qualità di tempi che si conformino o no col procedere loro. Di qui nasce quello ho detto che duoi, diversamente operando, sortiscano il medesimo effetto; e duoi equalmente operando, l'uno si conduce al suo fine, l'altro no. ❲Da questo ancora dipende la variazione del bene; perchè se a uno, che si governa con rispetto e pazienza, i tempi e le cose girano in modo che il governo suo sia buono, esso viene felicitando; ma se li tempi e le cose si mutano, egli rovina, perchè non muta modo di procedere. Nè si trova uomo sì prudente, che si sappi accordare a questo, sì perchè non si può deviare da quello, a che la natura l'inclina; sì ancora perchè avendo sempre uno prosperato camminando per una via, non si può persuadere, che sia bene partirsi da quella; e però l'uomo rispettivo, quando gli è tempo di venire all'impeto non lo sa fare; donde egli rovina; che se si mutasse natura con li tempi e con le cose, non si muterebbe fortuna. ❲Papa Iulio II procedette in ogni sua cosa impetuosamente, e trovò tanto i tempi e le cose conformi a quel suo modo di procedere, che sempre sortì felice fine. Considerate la prima impresa che fece di Bologna, vivendo ancora Messer Giovanni Bentivogli. I Viniziani non se ne contentavano, il Re di Spagna similmente con Francia aveva ragionamento di tale impresa; e lui nondimanco con la sua ferocità ed impeto si mosse personalmente a quella espedizione, la qual mossa fece star sospesi e fermi e Spagna, e i Viniziani; quelli per paura, quell'altro per il desiderio di ricuperare tutto il Regno di Napoli; e dall'altra parte si tirò dietro il Re di Francia, perchè vedutolo quel Re mosso, e desiderando farselo amico per abbassare i Viniziani, giudicò non poterli negare le sue genti senza ingiuriarlo manifestamente.

Condusse adunque Iulio con la sua mossa impetuosa quello che mai altro Pontefice con tutta l'umana prudenza non avria condutto; perchè se egli aspettava di partirsi da Roma con le conclusione ferme, e tutte le cose ordinate, come qualunque altro Pontefice arebbe fatto, mai non gli riusciva. Perchè il Re di Francia avria trovate mille scuse, e gli altri gli arebbero messo mille paure. ❲Io voglio lasciare stare le altre sue azioni, che tutte sono state simili, e tutte gli sono successe bene, e la brevità della vita non gli ha lasciato sentire il contrario; perchè se fussero sopravvenuti tempi che fosse bisognato procedere con rispetti, ne seguiva la sua rovina; perchè mai non arebbe deviato da quelli modi, a' quali la natura lo inchinava. ❲Conchiudo adunque, che, variando la fortuna, e gli uomini stando nei loro modi ostinati, sono felici mentre concordano insieme, e come discordano sono infelici. Io giudico ben questo, che sia meglio essere impetuoso, che rispettivo, perchè la Fortuna è donna; ed è necessario, volendola tener sotto, batterla, ed urtarla; e si vede che la si lascia più vincere da questi che da quelli che freddamente procedono. E però sempre, come donna, è amica de' giovani, perchè sono meno rispettivi, più feroci, e con più audacia la comandano.

Chapter XXVI

An exhortation to liberate Italy from the barbarians

Having carefully considered the subject of the above discourses, and wondering within myself whether the present times were propitious to a new prince, and whether there were elements that would give an opportunity to a wise and virtuous one to introduce a new order of things which would do honour to him and good to the people of this country, it appears to me that so many things concur to favour a new prince that I never knew a time more fit than the present.

And if, as I said, it was necessary that the people of Israel should be captive so as to make manifest the ability of Moses; that the Persians should be oppressed by the Medes so as to discover the greatness of the soul of Cyrus; and that the Athenians should be dispersed to illustrate the capabilities of Theseus: then at the present time, in order to discover the virtue of an Italian spirit, it was necessary that Italy should be reduced to the extremity that she is now in, that she should be more enslaved than the Hebrews, more oppressed than the Persians, more scattered than the Athenians; without head, without order, beaten, despoiled, torn, overrun; and to have endured every kind of desolation.

Although lately some spark may have been shown by one, which made us think he was ordained by God for our redemption, nevertheless it was afterwards seen, in the height of his career, that fortune rejected him; so that Italy, left as without life, waits for him who shall yet heal her wounds and put an end to the ravaging and plundering of Lombardy, to the swindling and taxing of the kingdom and of Tuscany, and cleanse those sores that for long have festered. ⟨It is seen how she entreats God to send someone who shall deliver her from these wrongs and barbarous insolencies. It is seen also that she is ready and willing to follow a banner if only someone will raise it.

Nor is there to be seen at present one in whom she can place more hope than in your illustrious house,[46] with its valour and fortune, favoured by God and by the Church of which it is now the chief, and which could be made the head of this redemption. This will not be difficult if you will recall to yourself the actions and lives of the men I have named. And although they were great and wonderful men, yet they were men, and each one of them had no more opportunity than the present offers, for their enterprises were neither more just nor easier than this, nor was God more their friend than He is yours.

---

46   Giuliano de Medici. He had just been created a cardinal by Leo X. In 1523 Giuliano was elected Pope, and took the title of Clement VII.

Capitolo XXVI

Esortazione a liberare la Italia da' barbari.

Considerato adunque tutte le cose di sopra discorse, e pensando meco medesimo se al presente in Italia correvano tempi da onorare un Principe nuovo, e se ci era materia che desse occasione a uno prudente e virtuoso d'introdurvi nuova forma, che facesse onore a lui, e bene alla università degli uomini di quella, mi pare concorrino tante cose in benefizio d'un Principe nuovo, che non so qual mai tempo fusse più atto a questo. ¶ E se, come io dissi, era necessario, volendo vedere la virtù di Moisè, che il popolo d'Istrael fusse schiavo in Egitto, ed a conoscere la grandezza e l'animo di Ciro, che i Persi fussero oppressi da' Medi, e ad illustrare l'eccellenza di Teseo, che gli Ateniesi fussero dispersi; così al presente, volendo conoscere la virtù di uno spirito Italiano, era necessario che l'Italia si conducesse ne' termini presenti, e che la fusse più schiava che gli Ebrei, più serva che i Persi, più dispersa che gli Ateniesi, senza capo, senz'ordine, battuta, spogliata, lacera, corsa, ed avesse sopportato di ogni sorta rovine. ¶ E benchè infino a qui si sia mostro qualche spiraculo in qualcuno da poter giudicare che fusse ordinato da Dio per sua redenzione; nientedimanco si è visto come dipoi nel più alto corso delle azioni è stato dalla fortuna reprobato in modo, che, rimasa come senza vita, aspetta qual possa esser quello che sani le sue ferite, e ponga fine alle direpzioni, e a' sacchi di Lombardia, alle espilazioni, e taglie del Reame, e di Toscana, e la guarisca di quelle sue piaghe già per lungo tempo infistolite.

Vedesi come la prega Dio che gli mandi qualcuno che la redima da queste crudeltà ed insolenzie barbare. Vedesi ancora tutta pronta e disposta a seguire una bandiera, purchè ci sia alcuno che la pigli. ¶ Nè si vede al presente in quale la possa più sperare che nella illustre Casa Vostra, la quale con la sua virtù e fortuna, favorita da Dio e dalla Chiesa, della quale è ora Principe, possa farsi capo di questa redenzione. E questo non vi sarà molto difficile, se vi recherete innanzi le azioni e vite de' soprannominati. E benchè quelli uomini siano rari e maravigliosi; nondimeno furono uomini, ed ebbe ciascuno di loro minore occasione, che la presente; perchè l'impresa loro non fu più giusta di questa, nè più facile; nè fu Dio più a loro

With us there is great justice, because that war is just which is necessary, and arms are hallowed when there is no other hope but in them. Here there is the greatest willingness, and where the willingness is great the difficulties cannot be great if you will only follow those men to whom I have directed your attention. Further than this, how extraordinarily the ways of God have been manifested beyond example: the sea is divided, a cloud has led the way, the rock has poured forth water, it has rained manna, everything has contributed to your greatness; you ought to do the rest. God is not willing to do everything, and thus take away our free will and that share of glory which belongs to us.

And it is not to be wondered at if none of the above-named Italians have been able to accomplish all that is expected from your illustrious house; and if in so many revolutions in Italy, and in so many campaigns, it has always appeared as if military virtue were exhausted, this has happened because the old order of things was not good, and none of us have known how to find a new one. And nothing honours a man more than to establish new laws and new ordinances when he himself was newly risen. Such things when they are well founded and dignified will make him revered and admired, and in Italy there are not wanting opportunities to bring such into use in every form.

Here there is great valour in the limbs whilst it fails in the head. Look attentively at the duels and the hand-to-hand combats, how superior the Italians are in strength, dexterity, and subtlety. But when it comes to armies they do not bear comparison, and this springs entirely from the insufficiency of the leaders, since those who are capable are not obedient, and each one seems to himself to know, there having never been any one so distinguished above the rest, either by valour or fortune, that others would yield to him. Hence it is that for so long a time, and during so much fighting in the past twenty years, whenever there has been an army wholly Italian, it has always given a poor account of itself; the first witness to this is Il Taro, afterwards Allesandria, Capua, Genoa, Vaila, Bologna, Mestri.[47]

If, therefore, your illustrious house wishes to follow these remarkable men who have redeemed their country, it is necessary before all things, as a true foundation for every enterprise, to be provided with your own forces, because there can be no more faithful, truer, or better soldiers. And although singly they are good, altogether they will be much better when they find themselves commanded by their prince, honoured by him, and maintained at his expense. Therefore it is necessary to be prepared with such arms, so that you can be defended against foreigners by Italian valour.

And although Swiss and Spanish infantry may be considered very formidable, nevertheless there is a defect in both, by reason of which a third order would not only be able to oppose them, but might be relied upon to overthrow them. For the Spaniards cannot resist cavalry, and the Switzers are afraid of infantry whenever they encounter them in close combat. Owing to this, as has been and may again be seen, the Spaniards are unable to resist French cavalry, and the Switzers are overthrown by Spanish infantry. And although a complete proof of this latter cannot be shown, nevertheless there was some evidence of it at the battle of Ravenna, when the Spanish infantry were confronted by German battalions, who follow the same tactics as the Swiss; when the Spaniards, by agility of body and with the aid of

47   The battles of Il Taro, 1495; Alessandria, 1499; Capua, 1501; Genoa, 1507; Vaila, 1509; Bologna, 1511; Mestri, 1513.

amico, che a voi. ⟨Qui è giustizia grande, perchè quella guerra è giusta, che gli è necessaria; e quelle armi sono pietose, dove non si spera in altro, che in elle. Qui è disposizione grandissima; nè può essere, dove è grande disposizione, grande difficultà; purchè quella pigli delli ordini di coloro che io vi ho proposto per mira. Oltre a questo, qui si veggono straordinari senza esempio, condutti da Dio: il mare s'è aperto, una nube vi ha scorto il cammino, la pietra ha versato l'acqua; qui è piovuto la manna, ogni cosa è concorsa nella vostra grandezza; il rimanente dovete far voi. Dio non vuole far ogni cosa, per non ci torre il libero arbitrio, e parte di quella gloria che tocca a noi. ⟨E non è maraviglia, se alcuno de' prenominati Italiani non ha possuto far quello che si può sperare facci la illustre Casa Vostra, e se in tante revoluzioni d'Italia, e in tanti maneggi di guerra, e' pare sempre che in quella la virtù militare sia spenta; perchè questo nasce che gli ordini antichi di quella non erano buoni, e non ci è suto alcuno che abbia saputo trovare de' nuovi. Nessuna cosa fa tanto onore ad uno uomo che di nuovo surga, quanto fanno le nuove leggi e nuovi ordini trovati da lui. Queste cose quando sono ben fondate, ed abbino in loro grandezza, lo fanno reverendo e mirabile, e in Italia non manca materia da introdurvi ogni forma. ⟨Qui è virtù grande nelle membra, quando ella non mancasse ne' capi. Specchiatevi nelli duelli, e nei congressi de' pochi, quanto gl'Italiani siano superiori con le forze, con la destrezza, con l'ingegno. Ma come si viene agli eserciti, non compariscono; e tutto procede dalla debolezza de' capi, perchè quelli che sanno, non sono ubbedienti, ed a ciascuno par sapere, non ci essendo infino a qui suto alcuno che si sia rilevato tanto e per virtù e per fortuna, che gli altri cedino. Di qui nasce che in tanto tempo, in tante guerre fatte ne' passati venti anni, quando gli è stato un esercito tutto Italiano, sempre ha fatto mala prova; di che è testimone prima il Taro, dipoi Alessandria, Capua, Genova, Vailà, Bologna, Mestri.

Volendo dunque la illustre Casa Vostra seguitare quelli eccellenti uomini, che redimerono le provincie loro, è necessario innanzi a tutte le altre cose, come vero fondamento d'ogni impresa, provvedersi d'armi proprie; perchè non si può avere nè più fidi, nè più veri, nè migliori soldati. E benchè ciascuno di essi sia buono, tutti insieme diventeranno migliori, quando si vedranno comandare dal loro Principe, e da quello onorare ed intrattenere. È necessario pertanto prepararsi a queste armi, per potersi con virtù Italiana difendere dagli esterni. ⟨E benchè la fanteria Svizzera, e Spagnuola sia stimata terribile; nondimanco in ambedue è difetto, per il quale uno ordine terzo potrebbe non solamente opporsi loro, ma confidare di superargli. Perchè gli Spagnuoli non possono sostenere i cavalli, e gli Svizzeri hanno ad aver paura de' fanti, quando gli riscontrino nel combattere ostinati come loro. Donde si è veduto, e vedrassi per isperienza, gli Spagnuoli non poter sostenere una cavalleria Francese, e gli Svizzeri essere rovinati da una fanteria Spagnuola. E benchè di questo ultimo non se ne sia vista intera sperienza; nientedimeno se ne è veduto uno saggio nella giornata di Ravenna, quando le fanterie Spagnuole si affrontarono con le battaglie Tedesche, le quali servano il medesimo ordine che i Svizzeri, dove gli Spagnuoli con l'agilità del corpo, e aiuti

their shields, got in under the pikes of the Germans and stood out of danger, able to attack, while the Germans stood helpless, and, if the cavalry had not dashed up, all would have been over with them. It is possible, therefore, knowing the defects of both these infantries, to invent a new one, which will resist cavalry and not be afraid of infantry; this need not create a new order of arms, but a variation upon the old. And these are the kind of improvements which confer reputation and power upon a new prince.

This opportunity, therefore, ought not to be allowed to pass for letting Italy at last see her liberator appear. Nor can one express the love with which he would be received in all those provinces which have suffered so much from these foreign scourings, with what thirst for revenge, with what stubborn faith, with what devotion, with what tears. What door would be closed to him? Who would refuse obedience to him? What envy would hinder him? What Italian would refuse him homage? To all of us this barbarous dominion stinks. Let, therefore, your illustrious house take up this charge with that courage and hope with which all just enterprises are undertaken, so that under its standard our native country may be ennobled, and under its auspices may be verified that saying of Petrarch:

Virtue against fury shall advance the fight,

And it i' th' combat soon shall put to flight:

For the old Roman valour is not dead,

Nor in th' Italians' brests extinguished.

—Edward Dacre, 1640.

de' loro brocchieri erano entrati tra le picche loro sotto, e stavano sicuri ad offendergli, senza che li Tedeschi vi avessino rimedio; e se non fusse la cavalleria che gli urtò, gli arebbono consumati tutti. Puossi adunque, cognosciuto il difetto dell'una e dell'altra di queste fanterie, ordinarne una di nuovo, la quale resista a' cavalli, e non abbia paura de' fanti; il che lo farà non la generazione delle armi, ma la variazione degli ordini. E queste sono di quelle cose che di nuovo ordinate danno riputazione, e grandezza a un Principe nuovo. Non si deve adunque lasciar passare questa occasione, acciocchè la Italia vegga dopo tanto tempo apparire un suo redentore. Nè posso esprimere con quale amore ei fussi ricevuto in tutte quelle provincie che hanno patito per queste illuvioni esterne, con qual sete di vendetta, con che ostinata fede, con che pietà, con che lacrime. Quali porte se gli serrerebbono? Quali popoli li negherebbono la obbidienza? Quale invidia se gli opporrebbe? Quale Italiano gli negherebbe l'ossequio? Ad ognuno puzza questo barbaro dominio. Pigli adunque la illustre Casa Vostra questo assunto con quello animo, e con quelle speranze che si pigliano l'imprese giuste, acciocchè sotto la sua insegna questa patria ne sia nobilitata, e sotto i suoi auspicii si verifichi quel detto del Petrarca:

Virtù contro al furore

Prenderà l'armi, e fia il combatter corto;

Chè l'antico valore

Negli Italici cuor non è ancor morto.

Credit where it is due

A project like this cannot come together without a variety of help. Since every step of the way is open source, public domain or freely available, I would like to give credit for the tools I have used.

Open Office – openoffice.org – I used the word processor for the body of the book. Truly the best on-computer office suite available.

GIMP – gimp.org – Any of the graphics editing needed for this book was done with GIMP. It is not Adobe Photoshop, but what it lacks there is makes up for in being open source.

Scribus – scribus.net – An open source page design software, which I used for the cover.

Linden Hill – theleagueofmoveabletype.com – The book is set in Linden Hill. Finding fonts that are both freely available and beautiful can be tricky. This foundry manages both

Florence graphic – wikimedia.org – Wikimedia is one of the biggest websites on the internet and houses a vast collection of human knowledge free for all. The specific graphic I used dates from 1493 and appeared in Hartmann Schedel's *Schedelsche Weltchronik*. The graphic, before my modifications, can be found online at hhttp://bit.ly/12bLG5o.

There might be a few other groups I have forgotten, but I think I have covered every organization whose work I have used to put this book together.

There are also many people who deserve a bit of credit, even if they did not know it: Lou Bolchazy, *requiesce in pace mi patrone*, taught me that you can make whatever books you want and that you shouldn't listen to naysayers. Laura Gibbs and Geoffrey Steadman have shown the way on semi-academic self-publishing. Nina Paley has shown the way on copyright. Stephen Duncombe has shown that academics and open source go together. Alexander Arguelles has created an amazing list of Great Books, which I plan to mine for future editions of the Open Source Classics (http://bit.ly/14NeYtN). Thank you to all of you.

All of the flaws in this book are wholly my own. If you find any, please e-mail me at pete@pluteopleno.com with the subject line: corrigenda so I can incorporate corrections as they need to be incorporated.

Made in the USA
Monee, IL
14 March 2024

55065514R00090